반려견과 함께 하는 Agility

슬기로운 어질리티 생활

구태호 · 이혜영 · 김민찬 · 강주형 · 차지호 · 이슬기 · 김예지 지음

형설 eLife

머리말

안녕하세요. 구태호입니다.

2002년 모두가 대한민국을 외치던 그 시절 애견 교육에 첫발을 내딛어 올해로 20년이라는 시간이 흘렀습니다. 앞길이 막막하기만 했던 꼬마 견습생부터 지금까지 다양한 형태의 교육을 접하며 시대가 가져오는 변화에 적응하기란 쉽지 않았습니다. 당시만 해도 애견 교육은 전문 훈련사에 의해 훈련소에 입소되어 교육받는 것으로 인식되었으나 시대가 변한 현재는 1000만 반려인 시대로 다양한 반려견 문화가 자리 잡고 있습니다.

예전에는 훈련소에 입소하여 교육을 진행했더라면 지금은 지역별, 관심별 동아리 형태로 보호자가 직접 참여하는 교육, 일상생활에서 접하는 출장 교육, 산책 교육 모임과, 각종 독 스포츠 클럽으로 발전이 되었습니다.

반려견 교육의 전문가들이 운영하는 YouTube 채널, 또 각종 TV 매체에서 방송하는 콘텐츠, 보편적 문제 행동 수정 교육 과정은 관련 서적으로, 혹은 매체로 많이 접할 수 있는 시대가 왔습니다. 하지만 아직까지 독 스포츠 분야는 몇몇 선배님들에 의해 많은 발전이 있지만 초보자가 혼자서 공부하는데 있어 쉽지 않음을 느끼게 되었습니다.

제가 Agility를 공부할 당시 외국의 서적을 구매하여 공부하거나, 외국의 YouTube를 보며 공부하는 것, 클럽에서 가르쳐주는 것 이외에는 공부하기란 쉽지 않았습니다. YouTube의 경우 훈련된 강아지의 모습을 보며 어떻게 가르쳤을까 과정을 유추해 보며 연습하고, 외국의 서적은 영어를 몰라 번역기를 사용하여 번역하니 오역과 전문 용어들이 많아 의역할 수 없는 경우가 많았습니다. Agility를 즐기는 반려인들은 많이 늘었지만 아직까지 누구나 한글로 쉽게 보고 읽으며 익힐 수 있는 Agility 교육 책자가 없다는 것이, 혼자 운동장에 앉아 이리저리 궁리해 보던, 처음 Agility를 공부하던 그 시절과 현재의 상황이 별반 다르지 않구나 싶어, 다년간의 공부했던 노트를 열어 한 자, 한 자 써내려 이 책을 발간하게 되었습니다. 누구나 쉽게 접할 수 있는, Agility를 즐길 수 있는 슬기로운 Agility 생활이 되게끔 앞으로도 노력하겠습니다.

구태호

목차

머리말 · · · · · · · · · · · · · · · · **003**

01. 역사 · · · · · · · · · · · · · · · **008**

02. Foundation · · · · · · · · · **012**

03. Agility Fitness · · · · · · · **046**

04. Beginner 1 Level · · · · · **052**

05. Beginner 2 Level · · · · · **068**

06. Novice 1 Level · · · · · · **080**

07. Novice 2 Level · · · · · · **092**

08. JP/AG 1 Level · · · · · · **106**

09. JP/AG 2 Level · · · · · 122

10. JP/AG 3 Level · · · · · 132

11. 시퀀스 연습 · · · · · · · 140

12. Master(Course 분석) · · · 148

13. Course 설계 및, 장애물 규정 · 158

14. 심사 규정 · · · · · · · · 174

독자에게 전하는 글 · · · · · 190

01

역사

01
역사

Agility 경기는 오늘날 우리가 알고 있듯이 세계에서 가장 큰 애견 스포츠 중의 하나 입니다.

우리가 지금 인식하고 있는 Agility는 세계적으로 유명한 영국의 'Crufts dog show' 형식으로 출발하였습니다.

1978년 영국 Crufts 전람회에서 복종훈련경연대회 챔피언선발전과 그룹심사 Dog show 경연대회 사이에 관객에게 즐거움을 주기위해 John Varley의 계획과 Peter Meanwell의 도움으로 4마리의 강아지가 한 팀이 되어 두 개의 팀이 승부를 가리는 형태의 Agility가 첫 시작이었고 첫 Agility 시범은 그날의 관객에게 흥미롭고 열광적인 반응을 얻으며 화려하게 첫 출발을 끊었습니다.

John Varley는 1979년 Crufts 조직 위원회의 회원이었으며, 복종훈련경기대회 챔피언 선발전의 이벤트 담당자였습니다. 그는 말의 장애물 경기를 본 따 오늘날의 Agility를 개발해내었습니다. 그러나 그는 혼자의 힘으로는 어려움을 느끼고 이 계획을 1977년 후반 Peter Meanwell에게 도움을 청해 비로소 1978년 Crufts dog show에서 Agility 시범을 선보일 수 있었습니다.

　John Varley는 Agility 게임은 재미있고 안전해야 하며, 관객 위주여야 한다는 개념을 바탕으로 내세워왔습니다. 1978년 Crufts Agility 시범이 성공적인 관객의 호응을 얻어 1979년 Crufts dog show에서도 다시 시범을 보일 수 있었고 이때는 세 개의 팀이 참가하여 승부를 가리게 되었습니다. 1980년 Crufts dog show는 England Kennel club Agility 테스트 규정의 공식 도입으로서 의미 있는 대회가 되었습니다. 창시자는 John Varley와 Peter Meanwell 이었지만, 국제적으로 오늘날의 Agility가 있게끔 유럽을 비롯한 세계 각지에 전파하여 공헌한 것은 Peter Lewis 와 John Varley의 여행을 통한 노력과 "국제적인 Agility" 라는 책의 홍보 덕분이었습니다. 규정이 비슷하고 각국의 언어의 장벽에 연연하지 않아도 되는 Agility는 오늘날 여러 나라에서 각광 받는 멋진 반려견 스포츠로 자리 잡았습니다.

02

Foundation

---

01 유연성

02 기초교육

03 Body balance

04 장애물 거리 측정하기(Jumping grid)

05 Drive 관리

06 적응력 길러주기

07 Kennel 교육

08 Obedience

09 핸들러 training

02

Foundation

 1 유연성

Agility는 단순히 직진성을 가진 허들 경기가 아니다. Agility는 말 그대로 민첩함과 유연함, 정확성을 요구하는 경기이다. Agility에서 등과 허리를 유연하게 함으로 장애물을 회전 할 때 보다 빠르고 타이트 하게 회전 할 수 있다.

또한 앞다리의 민첩함은 장애물을 뛰어넘고 제동함에 있어 한 발자국 더 빠르게 이동함으로 1/100초를 다투는 Agility 경기에서 큰 이점일 수 있다.

(1) 유연성

장난감, 먹이로 루어링하여 강아지를 유혹하면서 손목의 스냅을 이용하여 등과 허리의 움직임을 익히는 동작이다.

① 루어링 할 때 강아지는 핸들러의 손에서 지속적인 터치 상태를 유지할 수 있도록 천천히 루어링한다.

② 처음부터 작은 원을 그리는 것이 아니라, 큰 원부터 회전하는 습관을 기를 수 있도록 연습한다.

① 이전 보다 작은 원을 그리며 천천히 루어링한다. 루어링 시에 천천히 정확한 동작을 만들어 주는 것이 중요한 포인트이다.
② 최종 목표는 강아지의 코가 엉덩이에 닿는 듯 등과 허리를 유연하게 쓰도록 하는 것이다.
③ 손목 스냅을 이용하는 이유는 차후 고급 테크닉을 가르칠 때 섬세한 핸들링을 하기 위한 전 과정이라 볼 수 있겠다.
④ 주의할 점은 핸들러는 강아지가 손에 터치 상태를 지속적으로 유지할 수 있도록 루어링 하여야 한다. 이유는 손에서 떨어진 강아지는 보상물을 빠르게 얻지 못하기 때문에 루어링을 쉽게 포기하려는 경향이 있기 때문이다.

Tip 큰 원에서 작은 원으로, 손에서 코가 떨어지지 않도록

(2) 주의사항 루어링 할 때 손의 높이

① 루어링 시에 주의하여야 할 점은 루어링하는 손의 높이는 강아지가 앞을 보고 서 있을 때 코의 높이보다 조금 낮은 곳에 위치해야 한다는 것이다.

② 코보다 낮은 위치에서 루어링 할 경우 강아지의 등과 허리의 유연성을 자연스럽게 길러줄 수 있다.

① 머리보다 높은 위치에서 루어링 할 경우 강아지가 앞다리를 높게 들어 올려 두발로 뛰는 듯한 모션을 취한다.
② 등과 허리의 유연함과는 다른 다리의 힘을 기르는 운동이 되기 때문에 등과 허리의 유연함을 기르기 위해서는 코 높이에서 루어링을 해주는 것이 좋다.
③ 같은 예로 터그를 붕붕 띄워 놀아주는 행동, 혹은 공을 높게 띄워 점프하게 하는 행동은 옳지 못하다.

2 기초교육

(1) 고깔 회전하기

펜싱의 자세와 같이 같은 쪽 손과 발이 함께 움직인다. 고깔 회전 연습은 회전에 있어 타이트한 회전력을 만들어 주며 차후 Front turn 교육의 기초가 된다. 이때 발의 방향이 중요하다. 발끝은 강아지가 회전해야 하는 고깔의 모서리를 향해야 한다. 발끝은 기차의 레일과 같다. 발끝이 향하는 쪽으로 강아지가 리드될 것이다.

① 고깔 회전 연습 시 오른손과 오른발, 혹은 왼손과 왼발을 동시에 펜싱 자세처럼 리드한다.
② 발은 고깔의 바깥쪽을 막아 주어 강아지가 안으로 파고들지 않게끔 해준다.
③ 타이트한 회전을 위해 고깔에 강아지가 바싹 붙어 회전할 수 있도록 유도한다.
④ 리드하는 손으로 강아지를 리드하며 이때 동시에 마중 나온 손으로 바통 터치하여 리드한다.
⑤ 앞으로 리드하였던 발이 원위치로 돌아가며 강아지로 하여금 움직일 수 있는 공간을 확보해 주는 것이 중요하다.
⑥ 위의 작업들이 잘 이루어진다면 서서히 고깔에서 멀리 떨어져 명령하는 연습을 한다.

tip 리드하는 손과 같은 쪽의 발이 함께 움직인다.

(2) Touch pad(Running contact)

Touch pad는 Contact 장비(Dog walk, A-frame, Seesaw)교육의 도입 과정이다. 먼저 강아지가 Touch pad를 인지하는 작업이 필요하다.

① 처음으로 Touch pad 가까이에서 Touch pad에 올라갈 수 있도록 루어링한다.
② 강아지가 발의 촉감으로 Pad 위에 올라왔다는 것을 충분히 느낄 수 있도록 하는 것이 중요하다.
③ 핸들러가 Pad 근처에서 루어링 하던 손을 살짝 들어주며 강아지가 스스로 Pad를 찾을 수 있도록 도와준다.
④ 위의 과정을 반복하다가 강아지가 Touch pad를 눈으로 확인하고 올라선다면 Touch pad를 확실하게 인지하였다고 볼 수 있다.
⑤ 이후 핸들러는 Touch pad에서 서서히 멀어지며 명령에 의해 강아지가 Touch pad를 Touch할 수 있도록 교육시킨다.
⑥ 위의 전 과정은 차후에 Contact 장비에서 Pad를 이용하여 Touch line을 밟을 수 있게 하기 위한 기초 교육이라고 할 수 있다.

tip 강아지 스스로가 터치 패드를 보고 밟을 수 있도록

(3) Touch mat(2on2off)

Touch mat는 Contact 장비(Dog walk, A프레임, Seesaw)교육의 도입 과정이다. 경사도로 인해 허리에 무리가 갈 수 있는 교육이기 때문에 서서히 경사도를 올려가며 무리가 되지 않도록 진행한다.

지면보다 약간 높은 Mat를 준비한다. Mat는 지면보다 약 10~20cm의 높이를 가진 것이 적당하다.

① 강아지가 Mat 위에 올라설 수 있도록 루어링하여 Mat 위에서 머물 수 있도록 교육한다. 이때 강아지는 서 있는 자세를 취하도록 교육한다.
② 위 과정이 잘 이루어진다면 Mat 위에 있는 강아지를 루어링하여 Mat 위에 뒷발, 지면에 앞발이 닿은 채로 머물 수 있도록 한다.
③ 이후 강아지가 스스로 Mat 위에 올라서 빠르게 회전하며 2on2off 자세를 취하도록 교육한다.
④ 강아지에게 무리되지 않은 선에서 뒷발 부분의 Mat를 점차 높여 주며 Mat를 경사지게 만든 후 전 과정을 동일하게 연습한다.
⑤ Mat의 경사도를 어느 정도 높였다면, 핸들러와 Mat 사이의 거리를 서서히 늘려가며 반복한다.
⑥ 이는 A-frame, Dog walk, Seesaw와 같이 경사도가 있는 Contact 장비에서 빠르게 내려와 2on2off 자세를 취하게 하기 위한 기초 교육이라고 할 수 있다.

🐾 tip 앞발은 지면에 뒷발은 Mat에

(4) 물품 구별

Agility에서 물품 구별은 차후 Contact 장비와 Tunnel의 조합, 혹은 유혹되는 장애물에서의 분별력을 길러 주기 위함이다.

가정에서 한 번쯤은 이런 경험을 했을 것이다. "뽀삐야, 오빠 어디 있어?" 이렇게 묻는다면 강아지가 오빠가 어디 있는지 찾는 행위 혹은 오빠와 아빠가 같이 있을 때 오빠에게 가서 안기는 행위, 또 한 가지 예로 여러 가지 인형이 있을 때 "호랑이 인형 가져와!" 하면 호랑이 인형을 가져오는 행위 이런 행위들이 물품 구별이라고 할 수 있다.

가정에서 반복 숙달하여 자연스럽게 생긴 분별력이 차후 Agility에서는 여러 가지 방안으로 활용된다. 물건을 구분해서 알아들을 수 있는 시스템을 갖춘 강아지는 핸들러와 강아지가 뛰어다니는 경기 중 음성 신호에 의해서 교차되는 장애물을 선택하여 통과할 수 있게 된다.

🐾 tip 음성 신호만으로 사물을 구별하도록 한다.

3 Body balance

　Agility에서 신체 균형이 중요한 이유는 폭 30cm 높은 곳에서 중력의 힘과 함께 강아지 몸무게의 가속력으로 떨어지는 Seesaw, Dog walk 또한 마찬가지로 가측 균형이 잘 이루어져야 전속력으로 달려도 몸에 무리되지 않고 통과할 수 있기 때문이며, 또 허들에서 공중 도약으로 회전을 하는 도중 좌우와 앞뒤의 균형이 이루어지지 않는다면 균형이 깨져 부상 및 여러 가지 부작용이 발생될 수가 있는 것이다. Agility를 하는 강아지는 Fitness를 통하여 올바른 균형을 향상시킬 수가 있다.

(1) 앞다리 근력, 민첩성 강화

　Agility는 직진성만을 추구하는 경기가 아니라 곡선과 회전, 직진성을 고루 갖춘 경기이다. 곡선 중에서도 타이트한 회전 중 원심력을 이겨내고 낮은 자세로 강한 제동을 해야 하는 구간도 있다. 이런 구간에서 자동차의 앞바퀴 역할을 하는 앞다리가 민첩하지 못하다면 당연 속도를 줄여 원심력을 이겨낼 것이다. 우리가 Agility에서 추구하는 강아지의 모습은 서두에 말하였듯, 낮은 자세로 강한 제동을 걸어 원심력을 이겨내고 앞으로 나아가는 모습일 것이다.

사진으로 보이듯이 작은 원형을 회전할 때는 짧고 타이트한 회전을 위해 등과 허리의 움직임을 많이 사용하며 360도 회전 시 단 3번의 앞다리를 사용하는 모습을 볼 수 있다.

　큰 원형을 회전할 때는 회전 구간이 길기 때문에 허리보다는 7회에 걸쳐 앞다리의 움직임과 원심력에 저항하려는 모습을 볼 수 있다.

　같은 회전을 하는 듯 보이지만 상황에 따라 사용하는 근육과 부위가 다르므로, 어떤 상황에서든지 최적의 효율을 낼 수 있도록 교육해야 한다.

　작은 고깔의 회전은 허들에서 360도 회전 등에 유용하게 사용되며 큰 원형의 회전은 코스 상의 라운딩에서 원심력을 이겨내며 빠르고 자연스러운 움직임으로 보답할 것이다.

(2) 뒷다리 근력 강화

Agility는 점프를 기반으로 하는 스포츠이기에 심폐 기능과 뒷다리의 근력 강화 운동이 중요한 역할을 한다.

점프할 때나 회전 후, 장애물과 장애물 사이, 직진성을 갖춘 장애물 전, START에서 빠른 속도가 필요하다. 이처럼 빠른 속도를 낼 때나 점프할 때 뒷다리가 중요하다. 위 사진처럼 오르막길에서 강아지를 운동시켰을 때 뒷다리의 개입이 더 많아지기 때문에 평지에서보다 효율적인 근력 운동이 될 수 있다. 우리의 목적은 뒷다리 근력 강화이기 때문에 강아지가 언덕에서 전속력으로 뛰어 최대한의 추진력을 갖춰 주어야 한다.

(3) 제자리 점프

근력을 증가시키기 위해 근육이 짧은 시간에 최대의 힘을 발휘하는 운동이다. 이 교육은 근육 확장에서 수축으로 빠르게 폭발적인 방식으로 이동하는 방법을 배우는 데 중점을 둔다.

① 지면에서 뛰어 착지할 수 있는 Table을 준비한다.
② 강아지를 Table 바로 앞에 앉아 자세로 위치시키고, 핸들러는 그 반대 방향에서 강아지를 부른다.
③ 강아지를 Table 바로 앞에 위치시키고 오르게 하는 이유는, 앉아 있는 상태에서 순간적으로 높은 곳을 향해 점프해서 올라감으로서, 대퇴부의 근력 강화의 효과를 극대화시키기 위해서이다. 강아지를 Table보다 멀리 위치시키게 되면 강아지는 달려와서 Table 위로 오를 것이다. 이렇게 되면 트레이닝의 효과가 100% 발휘될 수 없다.
④ Table의 높이를 점점 높이되, 강아지의 탄력, 건강 상태 등을 파악하여 강아지에게 무리가 되지 않는 선까지 점프하도록 한다.

tip 멀리서 달려와 뛰는 것이 아니라 앉은 자리에서 곧바로 뛰기

(4) Back step

천천히 한 다리부터 움직이게 하는 게 포인트이다.

Back Step하면 뒷다리 운동을 많이 한다고 생각하지만 뒷다리 운동과 더불어 체중을 뒤로 실어 주려 어깨와 삼두, 이두를 강화시키고 고유 수용 감각을 길러주는 데 많은 도움이 된다. 주의할 점은 한 다리, 한 다리 걷는 것이 중요하고 대각선으로 움직이지 않도록 교육하는 것이 바람직하다.

① 강아지가 핸들러의 명령에 뒷걸음질을 칠 수 있도록 루어링을 통해 교육한다.
② ①의 과정이 잘 이루어진다면 강아지의 진행 방향에 낮은 Table을 놓아 뒷걸음질 쳐서 위로 올라갈 수 있도록 한다.
③ 점점 Table의 거리를 멀게 하여 진행한다.
④ 강아지가 Table에 올라가게 하는 것이 목적이 아닌 뒷걸음질 쳐서 일정 공간에 다다르면 보상을 얻을 수 있도록 하는 것이다.
⑤ 일반적인 강아지의 경우 특수적인 상황을 제외하고는 웬만하면 뒷걸음질 치는 경우가 거의 없기 때문에 이 교육을 통해 뒷걸음질 침으로써 뒷다리의 세밀한 근력을 강화할 수 있다.

🐾 tip 벽을 이용하면 강아지가 일자로 뒤로 가기가 수월하다.

(5) Cavaletti

강아지 또한 왼발잡이, 오른발잡이로 나눌 수 있으며 회전 유연성 또한 좌/우측 중에 부드럽게 회전되는 방향이 존재한다. 핸들러는 이러한 것들을 잘 파악하여 약한 부분을 보완해 강아지의 Balance를 잘 맞춰 주어야 할 것이다. Balance 트레이닝 중 고유 수용 감각 운동으로는 Cavaletti, 반사 신경과 균형 운동으로는 Wobble board 운동이 있다.

Cavaletti의 원래 용도는 말의 보행을 올바르게 바로잡기 위한 것으로써 현시대에는 강아지를 위해서 많이 이행하기도 한다. 이것은 강아지의 신체 길이에 맞게 배열시켜 리드미컬한 보폭 연습을 규칙적으로 하여 사지의 올바른 굽힘과 폄을 이행시키고 자신의 감각을 향상시켜 주는 이점이 있다. 사지를 따로 사용하는 데에 익숙하지 않은 강아지들은 허들을 넘을 때 두 개의 앞발과 두 개의 뒷발을 같이 사용하여 허들을 넘기도 하지만 우리의 주 목적은 사지의 인지와 강아지 스스로 각각의 다리를 따로 움직여서 장애물을 잘 넘는 고유 수용 감각을 길러 주고 신체의 조화를 이루어서 실전에서 최상의 결과를 낼 수 있도록 하는 것이며, 이것이 즉, cavaletti를 하는 목적이라고 볼 수 있다.

① 처음 한 개의 허들에서 천천히 루어링 하여 강아지가 뛰어넘지 않고 천천히 걸으며 넘을 수 있도록 한다.
② 뛰어넘으면 각각의 네다리를 사용하는 것이 아닌 일반적인 허들 넘기와 동일하게 됨으로 주의한다.
③ 천천히 건너기가 이루어졌다면 2개, 3개 … 가능한 10개 정도의 허들을 준비하여 넘을 수 있도록 한다.
④ 점차적으로 루어링을 소거시키고 허들 정면에서 기다리게 한 후에 핸들러는 반대쪽에서 불러들여야 강아지는 정면을 응시한 상태로 Cavaletti를 완성할 것이다.
⑤ Agility에서 Cavaletti는 다리의 수축과 이완을 목적으로 교육한다. 넓은 보폭을 사용하는 것보다는 가능한 팔꿈치 라인 전까지 다리를 들어 올릴 수 있도록 천천히 급하지 않게 허들의 높이를 조정하는 것이 좋다.

⑥ Cavaletti를 교육하는 장점으로는 허들을 넘을 때 스스로가 허들에 닿지 않도록 노력하는 것과 허들 바를 떨어트리는 아이의 경우 고유 수용 감각을 일깨워 강아지 스스로가 어떤 다리가 바에 부딪혔는지를 알고 교정하기 수월함에 있다.

tip 빠르게 오는 것보다 천천히 한발 한발 정확하게 오는 것이 중요하다.

(6) Wobble board

    Wobble board 교육의 목적은 불규칙적인 무게 중심의 이동으로 반사 신경과 균형을 강화시켜 주는 목적을 둔다. Seesaw와 같이 높은 위치에서 떨어지는 듯한 장애물에서 반사 신경과 균형을 강화함으로 안정감 있는 착지를 도울 수 있다. 또한 회전 시 공중에서의 무게 중심 이동을 유연하게 함으로 회전 이후 제동함에 있어 최적의 상태를 만들어줄 수 있다.

① Wobble board를 좌우 롤링 할 수 있도록 고임목을 받쳐 놓는다. 강아지를 Wobble board 위에 균형 잡히게 올리고 좌우측 루어링을 통해 강아지가 좌우 무게 중심을 이동할 수 있도록 한다.
② 강아지의 앞다리가 움직여서 앞다리의 근력을 강화한다고 생각할 수도 있지만, 그것보다도 고정하여 중심을 잡고 있는 뒷다리 근력 강화에 효과적이라고 생각하면 좋다.
③ Wobble board를 앞뒤 롤링 할 수 있도록 고임목을 받쳐 놓는다. Wobble board를 올려놓고 루어링을 통해 강아지가 앞뒤로 움직일 수 있도록 한다.
④ 강아지가 앞뒤로 움직이며 무게 중심도 마찬가지로 앞뒤로 기울게 되는데, 앞으로 갈 때는 앞다리, 뒤로 갈 때는 뒷다리의 근력 향상에 도움이 된다. 이것은 Seesaw 교육 시 많은 도움이 된다.
⑤ ①, ③이 잘 이루어진다면 고임목을 제거한 후 강아지를 Wobble board 위에서 루어링하여 움직이도록 한다.
⑥ 앞, 뒤, 좌, 우 모든 부분으로 불규칙적으로 움직일 것이다. 이때 중심을 잡기 위해 앞다리와 뒷다리, 허리 등의 근육을 사용하며 근력 강화에 효과적이다.

🐾 tip 처음부터 강한 자극보다는 고임목을 이용하여 약한 자극부터 노출

4 장애물 거리 측정하기(Jumping grid)

강아지는 스스로 장애물과 장애물 사이의 거리를 측정하여 알맞은 보폭으로 통과하여야 한다.

우리가 Jumping grid 연습을 하는 이유는 뒷다리 근육 강화의 목적도 있지만 스스로가 장애물 간격에 따라 두 발자국에 통과할 것인지, 세 발자국에 통과할 것인지, 세 발자국 반 만에 통과할 것인지를 인지하며 뛰어야 한다. 이것을 배우기 위한 과정이 Jumping grid이다.

Jumping grid는 순간적인 뒷다리의 힘으로 힘 있게 박차서 점핑할 수 있도록 도와준다.

허들 간격을 이해하고 스스로가 거리에 따라 Step을 활용할 수 있도록 한다.

① 허들 2개를 강아지가 한 발자국에 뛸 수 있는 정도의 넓이로 놓아둔 후 허들 정면에 대기시키고 핸들러는 반대 방향에서 강아지를 불러들인다.
② 강아지의 점프 스타일을 확인한 후 허들의 간격을 수정하여 2개, 3개 … 총 5~6개의 허들을 배치하여 ①번과 같은 방법으로 교육한다.
③ 허들을 떨어뜨리지 않고 잘 이행한다면 허들의 간격을 2배로 늘려 강아지가 1step 하던 것을 2step, 3step으로 늘려주고 허들을 동일한 간격으로 배치한다.
④ 이후 첫 번째 허들과 마지막 허들을 고정한 상태로 중간에 있는 허들의 간격을 조절하여 강아지가 스텝 수를 스스로 만들어갈 수 있도록 교육한다.

tip 처음 허들 간격은 균일하게 점차 랜덤으로

5 Drive 관리

Drive라 함은 강아지의 욕구라고 말할 수 있다. Agility는 격한 운동이므로 항상 하고자 하는 욕구가 많아야 좋다. 강아지가 가지고 있는 욕구 중에 운동 욕구, 먹고자 하는 욕구, 물고자 하는 욕구, 사랑받고자 하는 욕구를 잘 이용하여 교육에 임한다.

(1) 운동 욕구

강아지는 운동하지 않는다면 스트레스를 받는다. 스트레스를 받은 강아지는 공격적이거나, 파괴적이거나 여러 형태로 히스테리적인 모습을 나타낸다.

Agility는 이러한 운동 부족 현상들의 많은 부분을 해소시켜 줄 수 있는 스포츠이다.

핸들러는 이러한 운동 욕구를 활용하여 Agility에 대입시킬 수 있다. 강아지가 뛰는 것을 좋아하는 강아지여도 하루 종일 뛴다면 금세 지치고 다음 운동 시에 관심이 줄어들 것이다. 하지만 스트레스를 풀 정도로 운동하고 약간 부족한 느낌이 있게 해준다면 다음 운동 시간이 기다려질 것이다.

좋아한다고 해서 너무 풍족해도 좋지 않고 반대로 너무 부족해도 좋지 않다.

강아지가 운동 욕구가 풍만할 때 허들을 넘으며 뛴다거나, 각종 장애물을 극복해가며 뛸 때, 이는 장애물을 보면 뛸 수 있구나라는 생각을 강아지로 하여금 갖게 만들고, 이것을 Agility에 접목시켜 주는 것이다. 운동 에너지를 잘 관리해 주는 것이 핸들러의 운동 욕구 관리이다.

(2) 먹고자 하는 & 물고자 하는 욕구

강아지는 우리가 생각하는 것처럼 매우 고차원적인 생각을 하지 않는다. 어떠한 보상물을 얻기 위해 정해진 행동을 하는 것이다. 예를 들면 사람이 돈이라는 보상물을 얻기 위해 일하는 것과 같다. 보상물에는 종류가 다양하다. 먹는 간식이 될 수도 있고, 물 수 있는 장난감이 될 수도 있다.

강아지가 어떤 행동을 하였을 때 보상해 줄 수 있는 그 모든 것들도 보상물로 볼 수 있다. 보상물은 말 그대로 보상을 해 주는 역할을 한다. 실 사례를 들어 '조금 있다가 Agility를 할 예정이다. Agility는 격한 운동이고 힘들 테니 미리 밥을 주어야지? 그래야 좀 덜 힘들고 밥 힘으로 힘내지 않겠어?'라고 생각한다. 이것은 결코 옳지 못한 생각이다. 일단 강아지는 배가 부르게 되면 쉬려고 한다. 배가 부른 상태이기 때문에 먹는 보상의 강도가 약해지기 때문이다.

교육은 '앉아'라는 신호에 강아지가 앉는 행위를 하며 앉는 행위의 완성 이후 갖고 싶은 보상을 받는다. 그리하여 더 많은 보상물을 받고자 강아지는 빠르게 앉는 행위를 할 것이다. 이것이 기본 원칙이자 원리이다. 위의 사례에서 '앉아'라는 신호에 강아지가 앉고 먹는 것으로 보상하였을 때 강아지가 더 이상 먹고 싶지 않은 상황이라면 먹는 보상물은 더 이상 보상물이 되지 않는다. 만약 물고자 하는 욕구가 강해 보상을 장난감으로 해줄 수도 있겠지만 만약 장난감에 관심이 없는 강아지라면 교육의 효율이 현저하게 떨어질 것이다.

6 적응력 길러주기

Agility는 꼭 점프하는 허들만 있는 경기가 아니다. 일종의 사회화 교육이 필요하다.

(1) 소음

경기장의 마이크 소리 등과 같은 소음, 많은 사람이 있는 복잡스러운 환경 등 어려서부터 여러 환경에서의 적응이 필요하다. 또한 한적한 곳에서 혼자만 연습하게 된다면 사람이 많고 시끌벅적한 경기장에서 너무 흥분할 수도, 혹은 너무 위축될 수도 있다.

강아지들이 처음 접하는 소리, 물체에 대해 민감하게 반응하지 않도록 교육해 주는 것이 좋다. 이것은 곧 사회화 교육의 일환이라 볼 수 있다.

(2) 촉감

　예를 들면 경기장이 실내, 실외, 인조 잔디일 수도, 흙일 수도, 천연 잔디일 수도, 혹은 잔디의 높이가 높을 수도 있다. 이러한 환경을 많이 접해 보지 않은 강아지라면 당황할 것이고 제 실력 발휘를 못할 우려가 있다. 건강상에 문제가 없다면 어려서부터 여러 환경에 노출될 것을 권장한다.

Kennel 교육

흔히들 켄넬에 강아지가 지낸다하면 갇혀 지낸다고 생각한다.

집안에 오랜 시간 혼자 있어야 하는 아이라면 물론 장시간 켄넬에 있는 것은 답답한 생활일 것이다. 하지만 도그 스포츠를 전문적으로 하는 사람이라면 누구나 켄넬 교육은 필요하다고 말할 것이다. 도그 스포츠에서 켄넬은 환경으로부터 보호받고 쉴 수 있는 공간으로 인식하게 해야 한다.

켄넬 안에서 본인의 순서를 기다릴 줄 알아야 하며, 흥분하지 않고 쉴 수 있는 공간이 되어야 한다. 켄넬 안에서 흥분하고 짖는다면 자기 순서에서 기운이 빠져, 혹은 너무 흥분 상태라 교육이 제대로 이뤄지지 않을 것이다. 또 켄넬없이 대회장에서 리드줄을 사용하여 이리저리 왕성한 호기심으로 쉬지 못하고 돌아다닐 것이고, 대회 참가 시 100% 실력 발휘란 어려울 것이다.

보통의 켄넬 교육 중 간과하고 넘어가는 부분이 있다. 이 부분이 잘못되면 켄넬 안에서 흥분을 주체하지 못하는 상황으로 만들 수 있다. 이런 강아지는 밖으로 나오고 싶은데 나오지 못하는 분함에 흥분하는 경우가 대부분일 것이다.

그렇다면 올바른 켄넬 교육은 어떤 것인가? 보통 켄넬에 들어가고 나오는 교육은 집중적으로 하되 켄넬 안에서 쉴 수 있는 교육은 제대로 하지 않는 경우가 많다. 켄넬에 들어가고 나오는 교육은 언제든지 할 수 있다. 하지만 켄넬 안에서 쉴 수 있는 교육은 사전에 준비 과정이 필요하다. 그 준비 과정 중 하나가 운동 에너지를 소비함으로 피곤한 상태를 만들어 주는 것이다. 필자는 켄넬 교육을 이렇게 진행한다.

(1) 사물에 거부감이 없는 강아지

① 일반적인 켄넬을 준비하여 켄넬 안에 먹을 것을 던져두고 '하우스'라는 명령에 강아지가 들어가서 섭취할 수 있도록 한다.

② 교육 중에 문이 닫히거나, 그로 인해 발생하는 소음, 충격 등에 의해 교육에 부정적인 영향을 미칠 수 있으므로, 문은 항상 열려 있어 자유롭게 드나들게 하는 것이 좋다.

③ 앞의 과정이 잘 이루어진다면 들어갔다 나올 때 강아지가 켄넬 안에 있는 상황에서 '기다려' 명령에 짧은 시간 기다릴 수 있도록 한다.

④ ③이 잘 이루어진다면 켄넬 안에 미리 먹을 것을 던져두고 '하우스'라는 명령에 들어갈 수 있도록 한다.

⑤ 앞의 과정이 잘 이루어진다면 핸들러와 켄넬의 거리를 서서히 늘려가며 강아지가 명령어에 의존하여 '하우스' 할 수 있도록 한다.

⑥ 켄넬에서 기다리는 시간을 늘려가며 켄넬 문을 닫고 금세 열어 보상하여 준다. 이것을 순차적으로 길게 진행한다.

⑦ 교육의 진행도가 생각보다 빠르다고 해도, 실제로 강아지가 켄넬에 들어간 채로 장시간 있게 하지 아니한다. 이는 켄넬 교육에 있어 강화가 아닌 약화가 될 수 있다.

⑧ 앞의 교육을 진행한 후 강아지를 데리고 에너지를 소모할 수 있는 운동을 시켜준다(예를 들어 산책을 나간다든지 공놀이를 해준다든지, 배변 욕구를 해소해 주며 운동 에너지를 소모시켜 준다). 쉴 수 있는 여건을 만들어 준 후 강아지를 '하우스' 시키고 문을 닫는다.

⑨ ⑧의 과정을 잘 수행한 강아지의 경우 켄넬 안에서 체력 보충을 위해 잘 쉴 수 있을 것이다. 하지만 체력 소모가 되지 않은 강아지는 답답함을 느끼고 켄넬 안에서 짖거나 찡찡거림이 오랜 시간 걸릴 것이다.

(2) 사물에 거부감이 있는 강아지

켄넬 중에 앞문과 뒷문이 모두 열려 통과될 수 있는 켄넬을 사용한다.

① 켄넬의 입구와 출구를 모두 열어 두고 강아지가 통과하여 먹을 것을 먹도록 도와준다.
② 헬퍼가 있다면 헬퍼가 강아지를 입구에 대기하고 있고 보호자가 출구에서 불러 거부감 없이 켄넬을 통과하도록 도와준다.
③ ①이 잘 이루어진다면 헬퍼가 입구에 대기하고 보호자가 반대 방향에 문을 닫고 불러 강아지가 켄넬에 들어오면 망 사이로 보상해 준다.
④ 앞의 과정을 반복하면, 문이 닫혀 있어도 보상받으려 켄넬에 스스로 들어올 것이다.
⑤ 헬퍼가 없다면, 먹을 것을 미리 켄넬 안에 두고 강아지가 스스럼없이 들어가 먹을 수 있도록 한다.
⑥ 강아지가 켄넬에 익숙해진다면 앞서 나온 '사물에 거부감이 없는 강아지'의 교육을 진행하면 큰 무리 없이 켄넬 교육이 될 것이다.
⑦ 사물에 거부감이 있는 강아지의 경우에는 켄넬에 대한 적응이 가장 우선적이며, 중요함을 인지하고 교육을 진행한다.

tip 강아지를 가둬 두는 것이 아니라 강아지가 쉴 수 있는 공간을 만들어 주는 것이다.

8 Obedience

어질리티에 필요한 Obedience는 몇 가지로 압축할 수 있다. 국제 대회에서는 Obedience를 중요하게 여겨 Obedience를 합격한 강아지에 한해 어질리티 경기를 출진할 수 있는 권한을 부여하기도 한다 (USDAA).

Obedience는 꼭 어질리티에만 필요한 부분이 아니라 실생활 속에서도 유용하게 쓰일 수 있으니 교육해 둬서 나쁠 것은 없다. 왜 이런 말도 있지 않은가. "교육받은 강아지는 버려지지 않는다."라는 말을 우리는 가슴 깊이 새겨둘 필요가 있다.

(1) 가슴 방향 콜사인

강아지를 불렀을 때 즉시 반응해야 한다.

강아지의 기초적인 심리상 핸들러와 마주보려 하는 심리가 있다. 이 심리를 이용하여 차후 Blind cross라든지 Japanese turn과 같은 테크닉에 적절히 사용할 수 있다.

하지만 그렇지 못한 강아지라면 핸들러의 가슴 방향으로 달려올 수 있는 연습이 필요하다.

(2) 대기 자세

대기 선상에서 침착하게 기다릴 수 있는 대기 자세(앉아, 엎드려 혹은 서)

특히 대기 선상에서의 대기 자세는 핸들러의 양발 사이에 엎드리거나 앉는 동작을 권장한다. 강아지가 핸들러의 다리 사이 좁은 공간에서 대기하게 되면 핸들러가 바라보는 시점과 강아지의 진행 방향이 일치될 수 있기 때문이다. 간혹 스타트 지점에서 강아지의 대기 위치가 좋지 않아 첫 번째 허들을 그냥 지나치는 경우가 많이 있으므로 주의하여야 한다.

🐾 tip Start line이 첫 단추이다. 첫 단추가 잘못 끼워지면 당황하기 마련이다.

9 핸들러 training

글쓴이가 어질리티 교육에서 가장 힘 있게 말하고 싶은 구간이 핸들러 트레이닝이다.
어질리티에서는 우리가 평상시에 사용하지 않는 Step이 있다.

사람은 걸을 때 손과 발이 교차되어 걷는 것이 일반적인 현상이지만 어질리티에서는 펜싱과 같이 손발이 같은 방향으로 리드되는 구간이 많다. 특히 허들을 거꾸로 넘는 Back 사인이거나, 멀리 있는 장애물을 원격 조정으로 보내는 경우, 혹은 유혹되는 장애물을 통과시키는 경우 등에 있어 같은 쪽 손발을 사용하여 리드하는 경우가 다반사이다.

    핸들러의 가슴 방향은 강아지가 어디로 갈지 리드해 주는 중요한 자동차의 핸들과 같다. 핸들러의 리드하는 발끝은 기차의 레일과도 같다. 핸들러의 손은 강약을 조절하는 브레이크와 같은 역할도 한다. 핸들러는 어질리티라는 뜻 그대로 민첩하여야 한다.

    어질리티는 핸들러의 몸짓 하나하나에 강아지가 빠르게 반응해야 하고 핸들러의 신호가 늦는다면 강아지는 실수할 것이다. 이것은 강아지의 실수가 아닌 핸들러의 실수이므로 핸들러를 탓해야 하는 부분이다.

 핸들러에게 필요한 Step으로는 달리기, Back step, Side step이 잘 이루어져야 하며, 앞으로 달리는 와중에도 가슴 방향은 좌측 우측으로 유연하여야 한다.

 핸들러의 달리기가 빠르고 느리고를 떠나 기본에 충실한 핸들러의 강아지는 리드하는 대로 쉽게 장애물을 극복할 수 있다.

03

Agility Fitness

01   Neck
02   Frond Limbs
03   Core
04   Hind Limbs

03

Agility Fitness

 1 Neck

    스트레칭을 통하여 목의 유연성을 향상시키는 것은 피트니스에서의 기본 요소이다. 스포츠견들은 운동 전후에 동적 스트레칭을 통하여 부상을 방지하고 기량을 향상시키는 것뿐만 아니라 강아지의 건강을 유지시킬 수 있도록 주기적으로 목의 스트레칭을 실행한다. 또한 노령에 접어들거나 몸이 약해지면 머리를 지탱하는 목의 근육이 약해지게 되고 척추의 건강에도 영향을 주는데 머리를 잘 들 수 있게 잡아 주는 목을 튼튼하게 해 주기 위하여 목 주변의 근육들을 강화시키는 것이 중요하다.

(하나인 핏독 클럽 대표 김주원)

    영상에서 보듯이 개가 위를 보면서 목을 위로 올리게 해 주고 다시 중립 위치로 한 다음에 아래쪽으로 내리고 양쪽 옆으로 한번에 2~3번씩 움직여 주면서 가동 범위를 넓혀 주고 유연성을 길러 주는 것이 좋다. 견종에 따라 움직임의 범위가 달라질 수 있다는 것을 참고하고 개의 유연성에 따라 처음에는 짧은 범위로 시작하여 점차적으로 가동 범위를 넓히는 것이 좋다. 자세는 매우 중요하므로 앞다리와 뒷다리가 어깨 넓이로 벌어진 자세에서 나란히 평행으로 위치하고 등은 중립선을 유지하면서 진행하도록 한다. 난이도를 위해서 다른 장비들과 같이 병행해도 좋다.

2 Frond Limbs

 개의 Frond Limbs는 목과 어깨와 앞다리를 포함한다. 앞다리는 체중을 싣거나 자세의 안정을 유지하게 해 주고 회전과 착지, 그리고 움직임을 느리게 하거나 멈출 때 사용한다. 우리는 개의 Frond Limbs의 근육들을 강화시켜 줌으로써 달릴 때나 착지할 때 또는 울퉁불퉁한 표면들을 서 있거나 걷거나 뛸 때 그리고 올라갈 때 개의 움직임들이 안정적이게 될 수 있도록 만들어 준다.

(하나인 핏독 클럽 대표 김주원)

 영상에서 나오는 동작들을 통하여 Frond Limbs를 강화시킴으로써 개가 착지할 때 부상의 위험을 줄여 주고 불규칙적인 표면들에서는 균형을 향상시켜 주며 달리는 동안에는 급회전을 빨리 할 수 있는 민첩성과 급정거를 할 수 있는 능력들을 길러 주게 될 것이다. 자세는 매우 중요하며 등은 항상 곧은 자세가 되어야 하고 머리와 턱은 바닥과 평행한 위치에 놓여 있도록 하고 중간 중간 개의 표정을 잘 살피어 불편한 징후나 피곤함의 신호가 보이는지 알아채고 만약 있으면 운동을 즉시 멈추도록 한다.

3 Core

개의 Core는 복부와 측면과 등 근육으로 구성이 되고 거의 모든 행동들은 이러한 Core 근육들을 사용해서 움직이게 된다. 즉, 개가 꼿꼿이 서 있으면서 동작들을 이행하는 것은 Core가 안정되어 있을 때 가능하게 된다. Core 근육들은 개의 척추를 보호하는데, 약한 중심은 빈약한 자세를 만들고 그것은 결국 등과 어깨와 목과 엉덩이와 무릎 등 개의 전방위적 신체에 부정적인 영향을 주게 된다.

(하나인 핏독 클럽 대표 김주원)

Core가 강화되면 허리를 보호하고 부상은 덜 입게 되며 안정성을 향상시켜 약한 다리들이 부담을 덜 가지게 된다. 뿐만 아니라 Core가 강화되면서 균형과 자세는 더 좋아지는데 스포츠나 운동을 하는 동안에 기량을 향상시켜 주므로 어질리티 견들이 이러한 운동들을 주기적으로 하는 것은 매우 중요하다. 개들이 부상의 위험에서 벗어나고 잘 기능화된 균형 잡힌 근육을 가질 수 있도록 사지와 중심의 양쪽 측면들이 동등하게 발달되도록 만들어 주어야 하는데, 영상에서 보여 주듯이 불균형적인 물체 위에서의 운동을 통하여 이러한 목적을 달성시킬 수 있을 것이다. 이때 더 약한 근육이 가장 많이 작용을 할 근육이 될 것이고 한 번에 5초에서 30초까지 해 주고 3세트에서 5세트를 반복해 주면서 전체적으로 3분을 넘지 않도록 한다.

4 Hind Limbs

개의 Hind Limbs는 엉덩이와 무릎과 요추와 아킬레스 힘줄을 포함하며 힘의 강화를 책임지는 곳이다. '개들은 자기 뒷다리가 없다고 생각한다.'라는 농담이 나올 정도로 대부분을 앞다리로 활동하고 뒷다리는 따라가는 것처럼 보일 때가 많다. 그러므로 Hind Limbs의 부분들을 잘 인식한다면 부상의 위험도 그만큼 줄어들 수 있다. 뒷다리 근육들은 개의 스피드와 힘을 길러 주고 강한 뒷다리는 개가 일상 활동을 잘할 수 있도록 도와주는 데 계단 오르기나 점프나 달리기 같은 것을 잘할 수 있게 만들어 준다.

(하나인 핏독 클럽 대표 김주원)

이 영상에서는 개가 팔꿈치 높이의 공기 주입 장비에 앞다리를 올린 상태에서 '앉아-서'를 반복하면서 중심과 뒤쪽의 강화 운동을 진행하고 좌우로 돌면서 뒷다리의 내전근과 외전근을 강화시키는 것을 보여준다. 그리고 불균형 장비 위에 서서 체중 이동을 통하여 중심과 내외전근을 강화시키며 그 다음에는 좌우 옆으로 뒷다리 돌기를 하면서 장애물들을 가로질러 가며 발의 위치를 인식하는 고유 수용 감각의 향상과 Hind Limbs의 인식을 일깨워 주는 운동을 진행하였으며 마지막에는 앉은 상태에서 뒷다리를 차고 일어남으로써 역시 Hind Limbs의 인식과 중심 강화 그리고 뒷다리 근육의 강화를 이뤄 내는 운동을 보여준다.

04

Beginner 1 Level

01   Beginner
02   Tunnel
03   Front Turn
04   Front Cross

04

Beginner 1 Level

 1 Beginner

Beginner라 하면 이제 갓 어질리티에 입문하는 초급 과정이라고 생각하면 된다. 어질리티에서 가장 기본적인 장비인 허들과 터널 교육에 대해 알아보도록 하겠다.

1) Hurdle

어질리티에서 가장 기본이 되며 쉬우면서 어려운 장애물이 허들이다. 강아지의 체고 사이즈에 따라 경기 대회 때 허들의 높이는 달라진다.

허들은 단순하게 앞에서 뒤로 넘는 방법, 뒤에서 앞으로 넘는 방법, 측면에서 넘는 방법, 그 외에 회전하는 방법으로 나눌 수 있다.

정면 뛰기는 허들의 정면에서 후면으로 바르게 점핑하는 모습을 말한다. 가장 기본이 되면서 코스에서 허들의 약 70~80%를 정면 뛰기 한다. 리드하는 핸들러와 코스에 따라 허들 바의 좌우측으로 회전하며 뛸 수 있도록 교육하여야 한다.

(2) 후면 뛰기

후면 뛰기는 강아지가 정면의 허들을 뛰지 않고 돌아 후면에서 정면으로 점핑하는 모습을 말한다. Jumping, Agility 1 이상에서 많이 사용하며 차후 German turn과 함께 많이 사용하는 테크닉이다.

후면 뛰기의 경우 타이트한 회전을 요구하는 핸들링이 많으므로 핸들러의 위치에 따라 회전 반경이 다를 수 있음에 주의해야 한다.

(3) 측면 뛰기

측면 뛰기는 정면, 후면과 상관없이 좌우측 허들의 대각선에서 점핑하는 모습을 말한다.

측면 뛰기는 허들 바를 길게 가로지르는 점프 방법인 만큼 바를 떨어뜨려 실점할 수 있는 확률이 높음으로 주의하여 교육해야 한다. 측면 뛰기는 차후 Whisky turn 혹은 Japanese turn과 함께 사용하는 테크닉이다.

먼저 허들의 높이는 가장 낮은 높이부터 강아지에게 적응시켜 체고에 맞는 높이까지 조절해 주면 된다. 처음부터 높은 위치의 허들을 넘게 하게 되면 강아지에게 부담이 될 수 있고 넘지 않으려 거부하는 현상(멈춰서거나, 허들 바 밑으로 통과)도 나타날 수 있다.

(4) 허들 뛰는 스타일

체형별로 체고와 체장의 비율이 정사각형 타입인 강아지들이 허들을 높게 뛰는 반면 직사각형 타입의 강아지들은 낮은 포물선을 그리면서 뛰는 성향이 있다. 하지만 무엇보다 허들의 높이를 급하게 올리거나 허들의 간격을 좁게 배치하게 되면 강아지에게 부담이 되어 허들을 포물선을 그리며 뛰는 것이 아닌 높이뛰기 선수와 같이 높게 뛰는 습관이 생길 것이다.

어질리티는 1/100초를 다투는 경기이다 보니 허들 바 위에 머무는 체공 시간이 길수록 경기 기록에 미치는 영향이 크다.

(5) Go 명령어 이해하기

흔히들 'Go'라는 명령어를 허들을 뛰어 넘으라는 명령으로 허들을 뛰기 직전 사용하는 경우가 많다. 이는 틀린 말은 아니지만 필자는 'Go'라는 명령어는 통과할 대상의 장애물을 찾으라는 명령어라고 생각한다. 그러므로 'Go' 명령어는 허들을 뛰기 직전이 아닌 허들을 뛰고 난 후 착지하는 순간에 다음 장애물에 대해 찾아 뛰라는 'Go' 명령을 해주어야 한다.

이 교육은 명령에 의해 허들을 찾아 뛰며 콜사인에 즉각적으로 반응하여 핸들러에게 돌아오는 연습을 위한 교육이다.

① 첫 번째 허들을 넘고 다음 허들을 가까이 놓아, 명령 2회에 2개의 허들을 넘을 수 있게 한다.
② 2개의 허들의 간격을 점차적으로 넓히며, 동일하게 명령 2회에 2개의 허들을 넘을 수 있어야 한다.
③ 이후 3개의 허들을 가까운 간격으로 배치하며, 명령 3회에 3개의 허들을 넘을 수 있게 한다.
④ ②와 같은 방법으로 3개의 허들의 간격을 점차적으로 넓히며 진행한다.
⑤ 허들을 4개까지는 늘려서 교육하는 것이 좋다.
⑥ 명령에 의해 앞으로 쭉 나아가는 것이 가능해진다면, 랜덤으로 불러들여 칭찬해 준다.
⑦ 강아지는 허들에 집중하고 있으면서 동시에 항상 핸들러의 명령에 집중한 상태여야 한다.
⑧ 앞의 과정이 다 이루어졌다면, 허들을 지그재그 형태로 배치하여도 수행하는지 테스트를 진행한다.
⑨ ⑧의 테스트 시 허들의 배치는, 첫 번째 허들에서 두 번째 허들이 보이지 않는 곳에 위치해야 정확한 테스트가 가능하다.

⑩ 'go' 명령어를 정확하게 이해하지 못한 강아지는 기계적으로 중간에 있는 장애물을 보지 못한 채, 앞만 보고 직진하려는 경향이 있다. 반면, 'go' 명령어를 정확하게 이해한 강아지는 중간의 장애물을 찾아 통과하는 모습을 보일 것이다.

tip 'Go' 명령어는 다음 장애물을 찾으라는 의미이다.

(6) In course 섭렵하기

핸들러는 코스 상에서 항상 In course를 유지하는 것이 좋다. 쇼트트랙에서도 상대방을 추월할 때 Out course보다는 In course를 선택하는 이유가 Out course에 비해 In course가 적은 발걸음으로도, 혹은 느린 속도에서도 Out course를 도는 것보다 효과적이기 때문이다.

마찬가지로 두 다리를 사용하는 핸들러는 네 다리를 사용하는 강아지에게 속도 면에서 뒤처지기 때문에 항시 In course를 섭렵할 필요가 있다.

① 3개의 허들을 준비하여 모서리가 붙게끔 설치한다.
② ①에서보다 모서리를 떨어트려 배치하여 허들의 간격을 서서히 넓혀간다.
③ 점차 허들의 개수를 늘려가며 작은 반원을 만들기까지 진행한다.
④ 허들을 원 모양으로 배치하여 핸들러는 그 원의 In course에서 강아지를 리드한다.
⑤ 핸들러는 점차 원의 중심부로 가까이 진행하며 리드해도 강아지가 완벽하게 수행할 수 있어야 한다.
⑥ 강아지가 앞서 이야기한 'Go' 명령어에 대한 정확한 이해와 In course 섭렵하기를 이해하였더라면 차후 Cross와 관련된 부분에서 많은 도움이 될 것이다.
⑦ In course의 원리를 이해하였다면 핸들러는 코스 체크 시에 원활하게 분명한 테크닉을 구성할 것이다.

tip 사람의 달리기는 강아지보다 빠를 수 없다. 그러니 In course를 섭렵해야만 한다.

2 Tunnel

터널은 입구와 출구가 명확한 장애물로 반드시 입구로 들어가 출구로 나와야 한다.

좁고 어두운 터널을 두려워하는 강아지들이 많기 때문에 점차적으로 익숙하게 적응시켜야 한다.

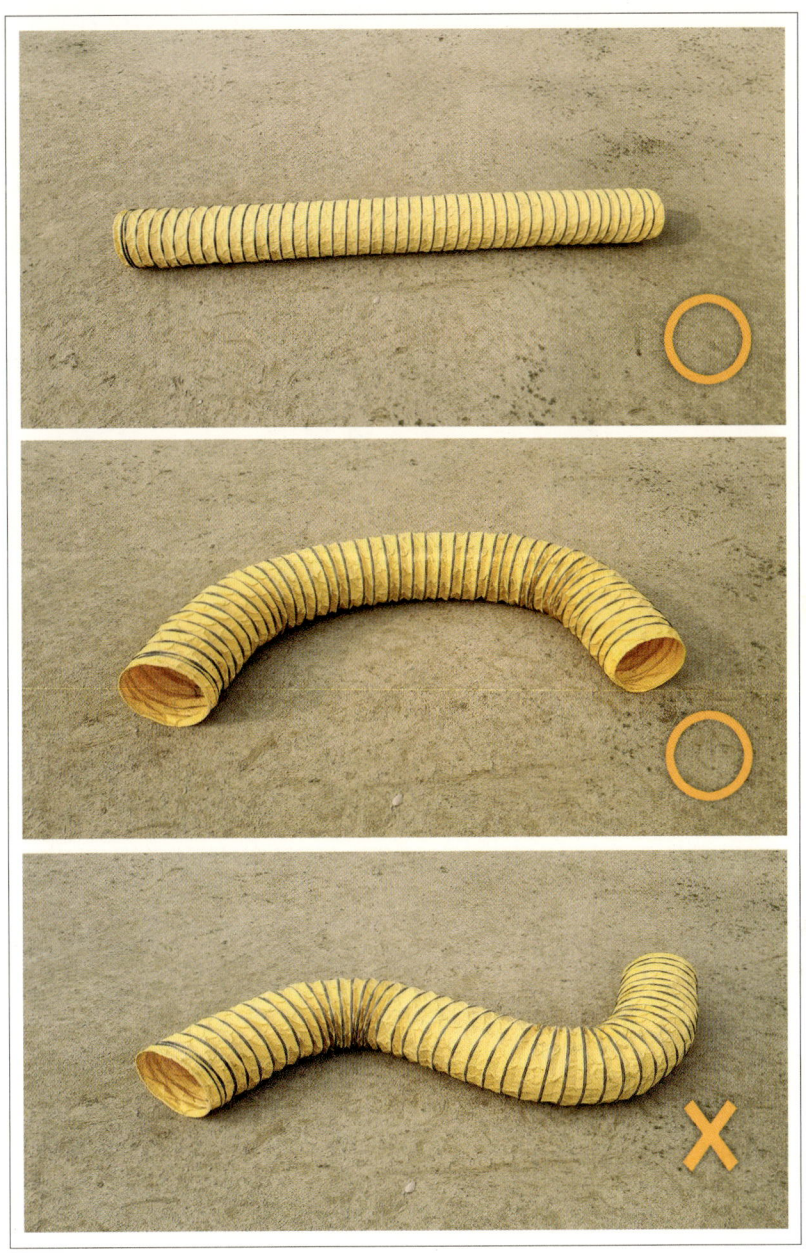

터널은 3~4m의 짧은 터널과 6~8m의 긴 터널이 있으며 S자 모양으로 굽어지지 않게 굴곡은 1회만 허용이 된다. 또한 핸들러의 위치와는 상관없이 입구를 찾아 들어갈 수 있어야 한다.

(1) 일자 터널

터널은 처음부터 굴곡을 주고 가르치는 것이 아니라, 입구와 출구가 보이게끔 일직선으로 가르치는 것이 좋다. 처음 배우는 강아지들은 출구가 보이지 않으면 되돌아 나오는 성향이 있기 때문이다. 입구로 들어가서 출구로 나오게 되면 항상 보상 받는다는 것을 알게 해주어야 한다. 헬퍼가 있으면 헬퍼의 도움을 받는 것이 좋다.

① 헬퍼가 터널의 입구에서 강아지를 잡고 있고, 출구에서 보호자가 강아지를 부른다. 처음에는 강아지가 잘 올 수 있도록 낮은 자세로 신나게 부르는 것이 좋다.
② 핸들러는 터널의 옆에 위치하며, 점차 출구에서 입구 쪽으로 가까워지며 '터널' 명령에 강아지와 같이 뛰면서 진행한다(보상물이 터널의 입구에서 강아지에게 보이도록 위치하여 강아지의 시선은 핸들러가 아닌 터널을 향할 수 있도록 한다).
③ ②의 과정을 반복 숙달하여 강아지와 동일 선상에 설 때까지 진행한다.
④ 앞의 전 과정이 잘 이루어졌다면, 핸들러가 제자리에서 명령하여 강아지 혼자 스스로 터널을 통과할 수 있도록 한다.

🐾 tip 입구와 출구가 보여야 강아지는 안정감을 느낀다.

(2) U자 굴곡 터널

또 짧은 터널부터 시작하여 점차 길게 적응시켜 주며 굴곡 또한 점진적으로 굴곡의 각도를 주는 것이 좋다. 무엇이든 급하면 부작용이 나타날 수 있다.

① 일자 터널이 숙달됐다면, 점차 터널에 굴곡의 각도를 주어 교육한다.
② ①을 반복하여 최종적으로 U자 모양이 될 때까지 진행한다.
③ 터널의 굴곡의 각도를 너무 무리하게 급격하게 준다면, 강아지는 입구로 돌아 나올 수 있기 때문에, 앞의 과정을 빠르게 숙달하는 것보다 강아지의 능력치에 맞게 교육을 진행하는 것이 좋다.

tip 어떠한 경우에도 입구로 들어간 강아지는 출구를 통해 나와야 한다.

Front Turn

기본적으로 배울 턴은 Front turn이다. 일반적이고 많이 쓰는 핸들링 중 하나이므로 가장 기본이 되는 턴이다. 이행하고자 하는 장애물을 핸들러가 마주본 상태에서 옆에 있는 강아지가 장애물을 통과하고 핸들러의 정면 가슴 방향으로 오는 Turn을 일컫는다.

이때 주의할 점은 핸들러의 손과 발이 같이 움직인다는 것이다. Foundation training 과정에서 고깔을 회전히는 교육 때 사용했던 방법과 같다.

① 'Go' 명령과 함께 펜싱의 자세와 같이 같은 쪽의 손과 발이 나가며 강아지가 허들을 넘도록 한다.
② 허들을 넘고 돌아오는 강아지를 리드하던 손이 아닌, 반대 손으로 리드하여 보상받을 수 있도록 한다.
③ 앞의 과정이 잘 이루어진다면 허들의 거리를 점차 늘려가며 진행한다.
④ 최대 6~7m가 되는 거리는 넘을 수 있어야 실제 코스 상에서 적용이 수월하다.

tip 리드하는 손과 발이 함께 움직여 주어야 한다.

4 Front Cross

Cross라 함은 코스 상에서 강아지와 핸들러의 위치가 바뀌면서 교차되는 것을 이야기한다. Cross의 기본 원리는 강아지가 핸들러의 정면으로 오고자 하는 기본적인 심리를 활용하는 것이다.

Front turn을 기초로 하여 다음 장애물로 이동 시 사용한다.

먼저 장애물을 통과한 이후 다음 장애물로 이동할 때 강아지와 핸들러는 지속적으로 마주보며 리드하는 손을 바꿔 다음 장애물로 이동하는 Cross 기법을 이야기한다.

Front cross의 장점이라 함은 핸들러와 강아지의 시선이 지속적으로 유지되는 Cross로 강아지가 실수할 확률이 적고 안정성이 높다. 그에 반해 단점으로는 핸들러의 민첩함을 요구하고 강아지의 속력보다 뒤쳐질 수 있는 확률이 높다.

Front cross는 급격한 방향 전환 때 사용하기 알맞은 Cross 기법이다. 각도로 본다면 장애물과 장애물의 각도가 120도 이하일 경우 사용하는 것을 권장한다.

① 강아지가 첫 번째 허들을 넘고 두 번째 허들로 진행하는 과정에서 리드하는 손을 바꿔 주며, 핸들러의 가슴 방향이 다음 허들을 향할 수 있도록 한다(시작할 때 고깔을 하나 두고 Turn을 하거나 강아지를 대기를 시키는 등, 핸들러가 첫 번째 허들을 넘어 다음 허들로 원활하게 이동할 수 있는 시간을 버는 것이 교육에 있어 수월할 것이다).
② 중요한 것은 강아지가 첫 번째 허들을 넘는 그 순간에 핸들러는 강아지와 정면으로 마주하며, 가슴의 방향이 다음 장애물로 향하게 하여 정확한 타이밍에 리드해야 한다.
③ 핸들러가 가슴 방향을 변경하는 구간은 강아지가 전 장애물을 점프하기 전에 서서히 가슴 방향이 다음 허들 방향으로 변경되어야 한다.

tip 강아지가 다음 허들을 뛰어넘기 전에 핸들러는 방향 전환을 시작하여야 한다.

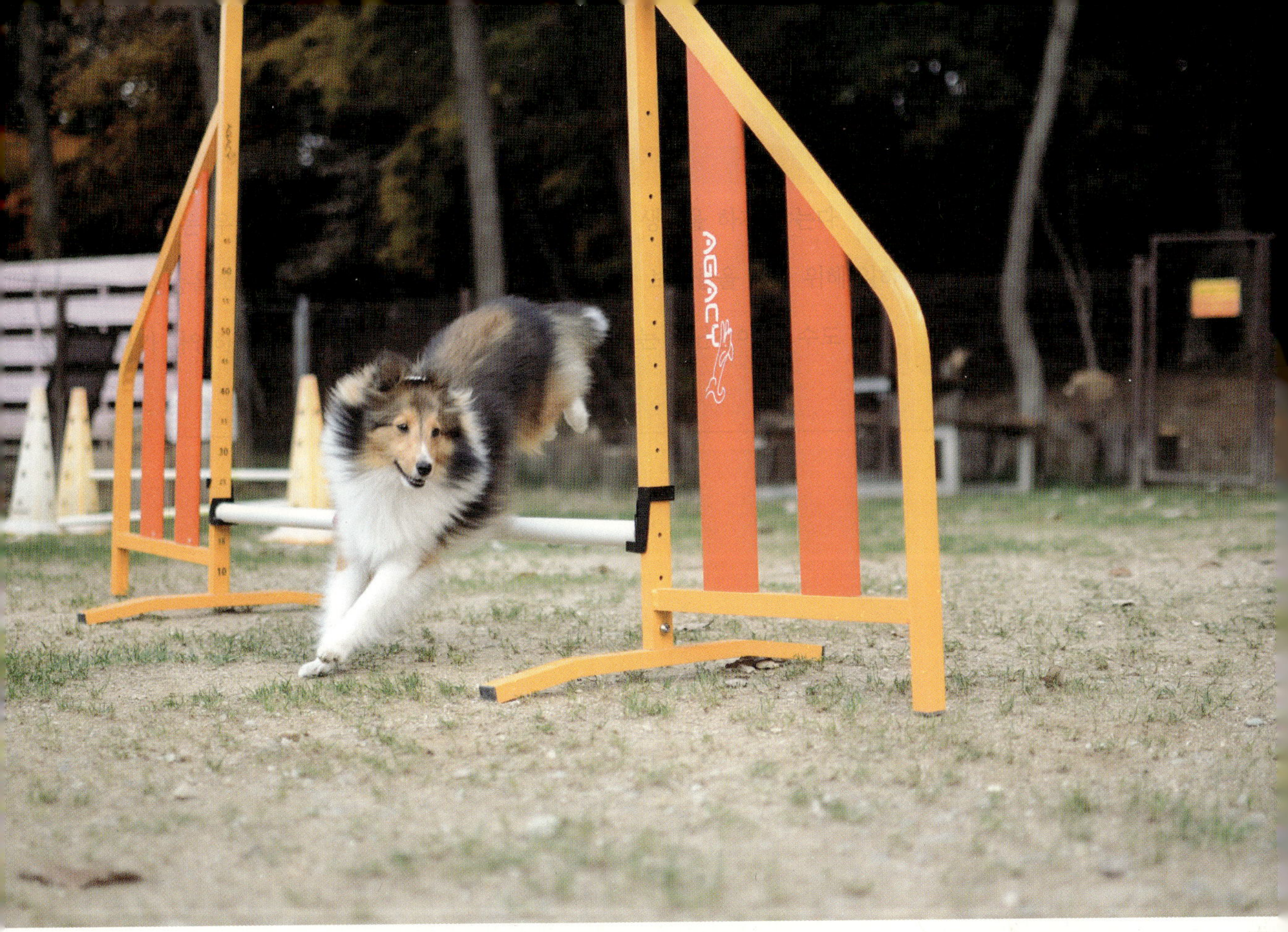
AGACY

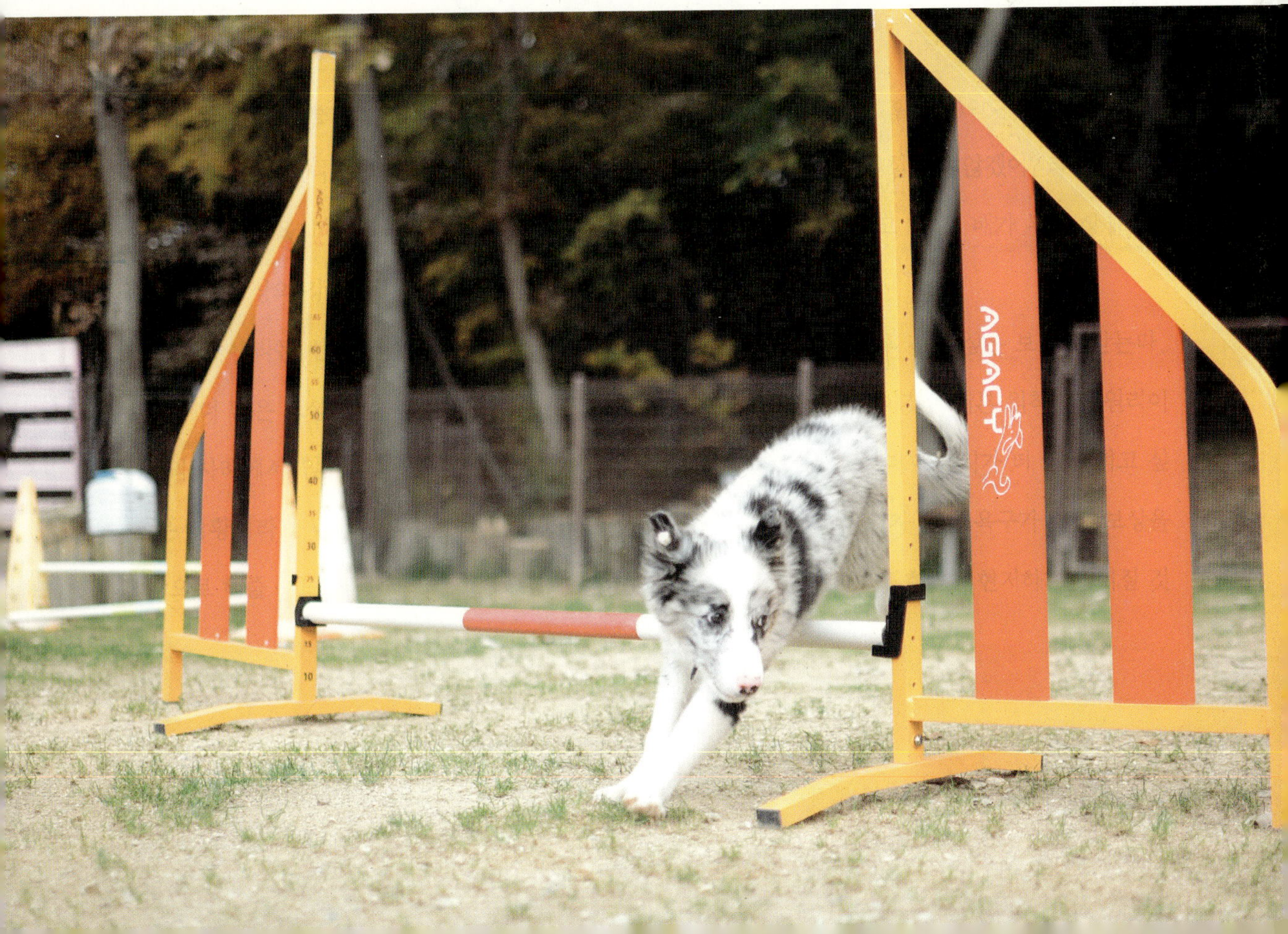
AGACY

05

Beginner 2 Level

01 Tunnel
02 Tire
03 K-turn
04 Blind cross

05
Beginner 2 Level

 Tunnel

Beginner 1 Level에서 터널의 굴곡을 교육하였다면 Beginner 2 Level에서는 핸들러의 위치를 변화하며 터널을 통과하도록 한다. 굴곡의 방향과 핸들러의 리드하는 방향이 다를 때 강아지는 입구로 되돌아 나오는 성향이 있으므로 이를 주의하여 가르쳐야 한다. 이러한 현상을 미연에 방지하고자 Beginner 1 Level에서 입구로 들어가면 출구로 반드시 통과하게 가르쳐야 한다.

(1) 일자 터널 진입 각 연습

　일자 터널에서 핸들러는 입구의 정면에서 뿐만 아니라 90도~180도의 각도까지도 연습해야 할 필요가 있다. 이는 입구가 보이지 않는 상황에서 강아지 스스로가 입구를 찾아 들어가게끔 하기 위함이다.

① 앞서 진행한 터널 교육을 수월하게 진행했다면, 90도 이하의 각도까지는 강아지가 잘 수행할 것이다.
② 90도에서부터 시작하여 점차 각도를 늘려가며 180도, 즉 출구 쪽에서 강아지를 보내도 스스로 입구를 찾아 들어가게끔 진행한다.

tip 보이지 않는 입구를 찾아서 통과할 수 있어야 한다.

(2) U자 Tunnel 진입 각 연습

일자 터널과 마찬가지로 U자 터널에서도 보이지 않는 입구를 찾게 하는 데 목적을 두며, 핸들러의 위치에 따라 강아지가 출구로 빠져나올 때 핸들러의 위치를 빠르게 알 수 있게끔 지속적으로 명령해 주는 것이 터널 교육의 중요한 포인트이다.

① 교육 방법은 일자 터널 진입 각과 동일하다. 터널 교육에 있어 강아지가 터널의 입구로 들어가서 출구로 나와야 한다는 것을 정확히 인지시키는 것이 매우 중요하다.

② 강아지가 터널 안에서 핸들러의 위치를 미리 파악하고 빠르게 통과하기 위해 핸들러는 지속적으로 위치를 알려주는 음성 신호를 보내야 한다.

> tip 핸들러의 위치 변화에 강아지는 반응하여야한다.

2 Tire

타이어는 원형의 타이어를 통과하는 것을 목표로 한다. 프레임이 있는 액자 형 타이어의 경우 프레임과 타이어 사이를 통과하는 경우가 많고 프레임이 없는 타이어는 타이어의 높이와 지면 사이로 통과하는 경우가 많으니 이를 주의하여 가르쳐야 할 것이다. 타이어 진입 시에는 적절한 각도가 있으므로 무리하게 급한 각도의 연습은 삼가는 것이 좋다.

(1) Tube 넘기

① 타이어를 지면과 맞닿도록 내려두고 강아지가 부담 없이 타이어를 통과할 수 있도록 한다.
② 강아지가 타이어를 통과하였을 때 보상 받기까지의 거리를 충분히 주는 것이 좋다. 거리가 충분하지 않다면 강아지가 타이어를 통과하지 않은 상태에서 보상 받기 때문에 보상받은 후 뒷걸음질 치며 뒤로 빠져나갈 확률이 높아지며 동시에 타이어를 밟는 경우가 있기 때문이다.

(2) 스스로 통과하기

① 타이어 통과 작업이 완성되었다면 핸들러는 강아지와 함께 뛰며 통과하는 연습을 한다.
② 이후에 차츰차츰 강아지가 명령에 의해 스스로 타이어를 통과할 수 있도록 해 주어야 한다. 스스로 명령에 의해 통과할 줄 알아야 핸들러의 위치에 상관없이 명령하는 장애물을 찾아 통과할 수 있기 때문이다.

tip 스스로가 찾아 통과할 수 있어야 한다.

(3) Tire 진입 각 연습

안전상 허들과 다르게 타이어는 거꾸로 넘거나 지나치게 측면에서 넘지 못하게 규정하고 있다. 마찬가지 안전상의 이유로 타이어는 충격에 의해 반으로 쪼개지게끔 만들며, 액자형 프레임 타이어는 점차 사라지는 추세이다.

① 점점 각도를 주어 교육을 진행한다. 강아지가 스스로 타이어를 찾아 넘는 것이 중요하다.

3 K-turn

　K-turn은 강아지가 회전을 하여 허들을 통과할 때 짧고 타이트한 회전을 만들어 주는 Turn의 기법이다. Front turn과 다른 점은 통과해야 하는 장애물을 핸들러가 정면으로 응시하는 것이 아닌 허들의 측면에 위치해서 리드하는 방식이다. K-turn의 장점으론 강아지가 장애물을 회전함에 있어 타이트한 회전력을 만들어 주지만 강아지가 핸들러의 앞을 지날 때 미세하게 브레이크를 잡는 경향이 있다.

① 첫 번째 허들을 넘고 두 번째 허들에서, 허들과 나란하게 핸들러가 위치해 K-turn을 한다.
② 강아지가 두 번째 허들에 도착하기 전에 핸들러는 신속하게 위치하고 낮은 자세로 강아지의 회전이 최대한 타이트하게 이루어질 수 있도록 한다.
③ 리드하는 손을 자연스럽게 바꿔주며 세 번째 허들에서 마찬가지로 낮은 자세와 허들과 나란하게 K-turn을 한다.
④ 이때 주의할 점은 다음 장애물이 어떤 방향에 있는지에 따라 핸들러의 위치가 정해진다. 타이트한 회전 이후에 강아지가 다시 돌아온 방향으로 가야한다면 핸들러는 K-turn 하고자 하는 허들의 조금 앞쪽에서 진행하는 것이 좋다.
⑤ 만약 강아지가 허들을 넘고 측면 하단으로 진행할 경우 핸들러는 K-turn 하고자 하는 허들의 뒤쪽에서 진행하는 것이 바람직하다.
⑥ 이는 핸들러가 앞서 있을 경우 조금 더 타이트한 회전을 할 수 있으며 핸들러가 뒤쪽에 서 있을 경우 강아지가 회전 이후에 타이트하게 착지할 수 있는 공간을 마련해 주기 위함이다.

강아지가 회전 이후 핸들러가 리드하는 손에 따라 진행 방향이 달라지니 핸들러는 이에 맞는 Step 또한 익혀 두어야 한다.

tip 핸들러가 손과 자세를 낮춰 주면 강아지가 조금 더 타이트한 회전을 할 수 있다.

4 Blind cross

　Front cross와는 다른 부분이 강아지와 핸들러가 마주보는 것이 아닌 핸들러의 등 뒤로 Cross되는 형태를 Blind cross라고 한다.

　Blind cross의 장점은 핸들러가 강아지를 리드함에 있어 멈춤이 없고 빠르게 Cross하여 강아지의 속도보다 앞서 움직일 수 있다. 그에 반해 단점으로는 핸들러의 민첩함을 요구하고 순간적으로 강아지를 볼 수 없어 실수할 확률이 높다. 또한 강아지가 전 장애물을 통과하는 시점에서 Cross가 시작되기에 타이밍을 놓칠 확률이 있으며 Cross 이후 확실하게 가슴 방향을 강아지에게 보여 주어야 정확하게 강아지를 리드할 수 있다.

  Blind cross는 급격한 방향 전환보다는 자연스럽게 밀고 나가는 코스에서 사용하기 알맞은 Cross 기법이다. 각도로 본다면 장애물과 장애물의 각도가 120도 이상일 경우 사용하는 것을 권장한다.

① 강아지를 등 뒤에 위치하여 리드하던 손과 발을 바꿔주며 핸들러의 가슴 방향이 다음 허들을 향하도록 한다.
② 중요한 것은 강아지가 첫 번째 허들을 넘겠다는 확신이 든 순간 몸을 틀어 리드하는 방향을 바꿔 주는 것이다. 강아지가 첫 번째 허들을 넘는 것을 확인한 후에 몸을 돌리면 이미 Cross 타이밍이 늦어 강아지는 핸들러를 크게 감싸고 돌 것이다.
③ 정확한 타이밍에 Cross가 이루어질 수 있도록 숙달한다.
④ 가슴 방향의 변화 이후에 강아지가 핸들러의 몸 안쪽으로 착지했는지를 확인하며 이동해야 한다.
⑤ 주의할 점 중 하나는 핸들러가 어깨 너머로 강아지를 확인하는 것이 아니라 고개를 숙여 겨드랑이 사이로 강아지를 바라봐야 한다는 것이다. 핸들러가 어깨 너머로 강아지를 바라보게 되면 어깨가 자동적으로 닫히게 되며 강아지가 뒤따르며 봤을 때 가슴 방향이 보이는 것이 아니라 등판만 보이기 때문에 확실하게 핸들러의 방향을 감지하기 어렵다.
⑥ 초보견일수록 핸들러는 팔을 크게 벌리고 겨드랑이 사이로 강아지의 위치를 확인해야 자연스럽게 가슴이 열리며 확실하게 강아지를 리드할 수 있다.

tip 다음 장애물을 뛰어넘기 전부터 핸들러의 가슴 방향 변화가 시작되어야 한다.

06

Novice 1 Level

01 Tunnel
02 Tunnel brake
03 Back turn
04 Rear cross

06
Novice 1 Level

 Tunnel

터널은 단순하면서도 가르쳐야 할 것들이 많다.

앞부분에서 핸들러의 위치에 따라 강아지가 터널을 통과하도록 가르쳤다면 이제는 강아지가 핸들러의 위치를 터널 안에서 파악하고 찾아 나오는 방향을 선택할 수 있도록 교육하여야 한다.

(1) Tunnel Rear cross

핸들러가 강아지의 오른쪽에서 터널을 통과시키며 터널 통과 중 핸들러는 터널의 좌측으로 이동할 때 강아지는 터널을 빠져나와 핸들러가 최초에 있던 우측이 아닌 좌측으로 회전할 수 있도록 하여야 한다(반대 방향도 마찬가지이다). 이를 Rear cross라 할 수 있겠는데, Novice 1 Level, Cross에서 Rear cross는 자세하게 다루도록 하겠다.

① 핸들러가 강아지의 오른쪽에서 터널을 통과시키며 강아지가 터널을 통과하는 동안 핸들러는 터널의 좌측으로 이동하고, 강아지는 터널을 빠져나와 핸들러가 있는 방향으로 돌아 나올 수 있도록 교육한다.

② 중요한 것은 강아지가 터널에 들어가 있는 상태에서 핸들러가 좌측으로 이동하면서 계속하여 음성 신호를 보내어 핸들러가 이동하고 있다는 것을 강아지에게 알려 주어야 한다.

③ 앞의 과정을 반복하여 숙달하며, 강아지가 터널에 들어가 있는 상태에서도 항상 핸들러의 신호에 집중할 수 있도록 교육해야 한다.

tip Rear cross 하기 전에 핸들러는 강아지에게 '먼저 가 난 저리로 갈게'와 같은 핸들링 모션이 있어야 한다.

Tunnel brake

터널을 좋아하고 익숙한 강아지라면 터널 안에서 속력을 받아 터널 통과 이후 앞으로 빠르게 치고 나오려고 할 것이다. 때에 따라 코스 상에서 강아지가 터널을 통과하여 나올 때 타이트하게 회전하며 움직여야 하는 구간도 생긴다. 이것을 Tunnel brake라 하는 데 강아지는 터널에 들어가기 전에 핸들러의 위치를 터널 안에서 습득하여 출구로 나올 때 브레이크를 걸어 회전을, 혹은 좌우측 방향을, 혹은 전속력으로 통과하여 나올 수 있게 다방면으로 가르쳐야 한다. 터널은 통과하는 강아지에게 핸들러의 위치를 알려 주고자 핸들러는 끊임없이 명령하여야 한다.

① 강아지를 터널로 보내고 핸들러는 계속해서 명령하여 강아지에게 핸들러의 위치를 알려 준다.
② 강아지가 터널을 통과하여 핸들러에게 돌아 나오면 보상한다.
③ 보상물을 빠르게 얻고자 하는 강아지는 터널을 타이트하게 회전하며 핸들러에게 돌아 나올 것이다.
④ 간혹 터널에 들어가기 전에 브레이크 신호를 알려 주어 Tunnel brake를 걸도록 하는 방법을 사용하는데 이것은 터널 초입부터 강아지가 브레이크를 걸며 들어감으로 터널을 통과하는 속도가 비교적 낮아지니 주의할 필요가 있다.

tip 터널은 명령 한 번으로 끝이 아니라 지속적인 명령을 함으로 핸들러의 위치를 잘 알려 주어야 한다.

2) Weave pole – 6 pole

새롭게 등장하는 것이 위브 폴, 혹은 슬라럼이라고 한다.

이것은 60cm 간격의 12개의 폴을 강아지의 좌측 어깨부터 시작하여 좌측 1회 우측 1회 순차적으로 통과해야 하는 장애물이다.

Novice 단계에서는 6개의 폴을 이용하여 가르치도록 한다.

위브 폴은 반드시 통과하여야 하는 장애물로 다른 장애물과는 다르게 실책하여도 마지막까지 성공 이후 다음 장애물을 넘어야 하는 유일한 장애물이다.

만약 위브 폴을 제대로 통과하지 못한 상태에서 다음 장애물을 통과하면 실격 처리되니 주의하여야 한다.

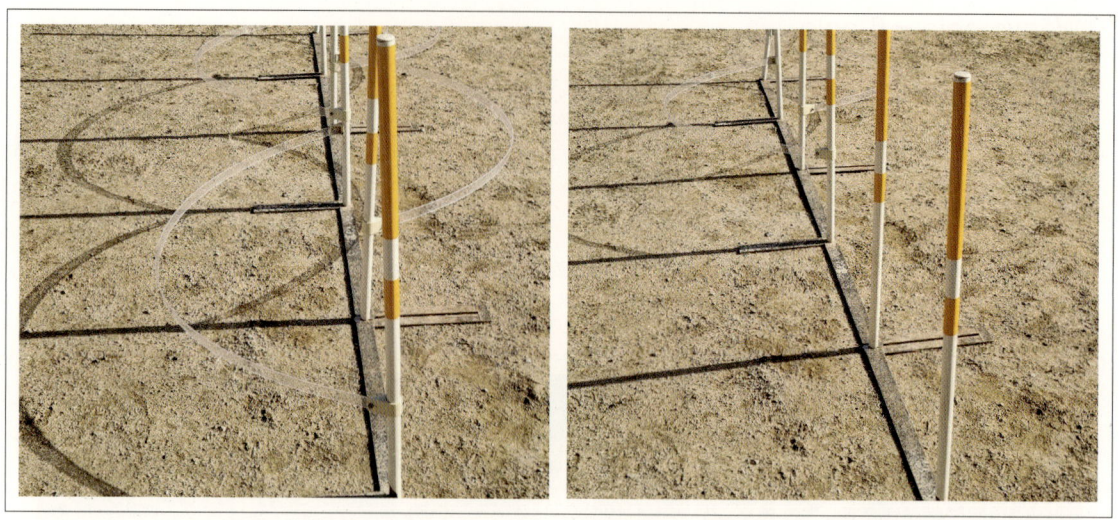

위브 폴 장애물을 가르치기 위해서는 폴의 변형이 가능한 위브 폴이나, 채널 위브와 같이 지그재그 형태의 위브 폴을 사용하는 것이 수월하다. 또한 필요에 의해 위브 폴 기이드를 사용하면 교육이 수월해질 수 있다.

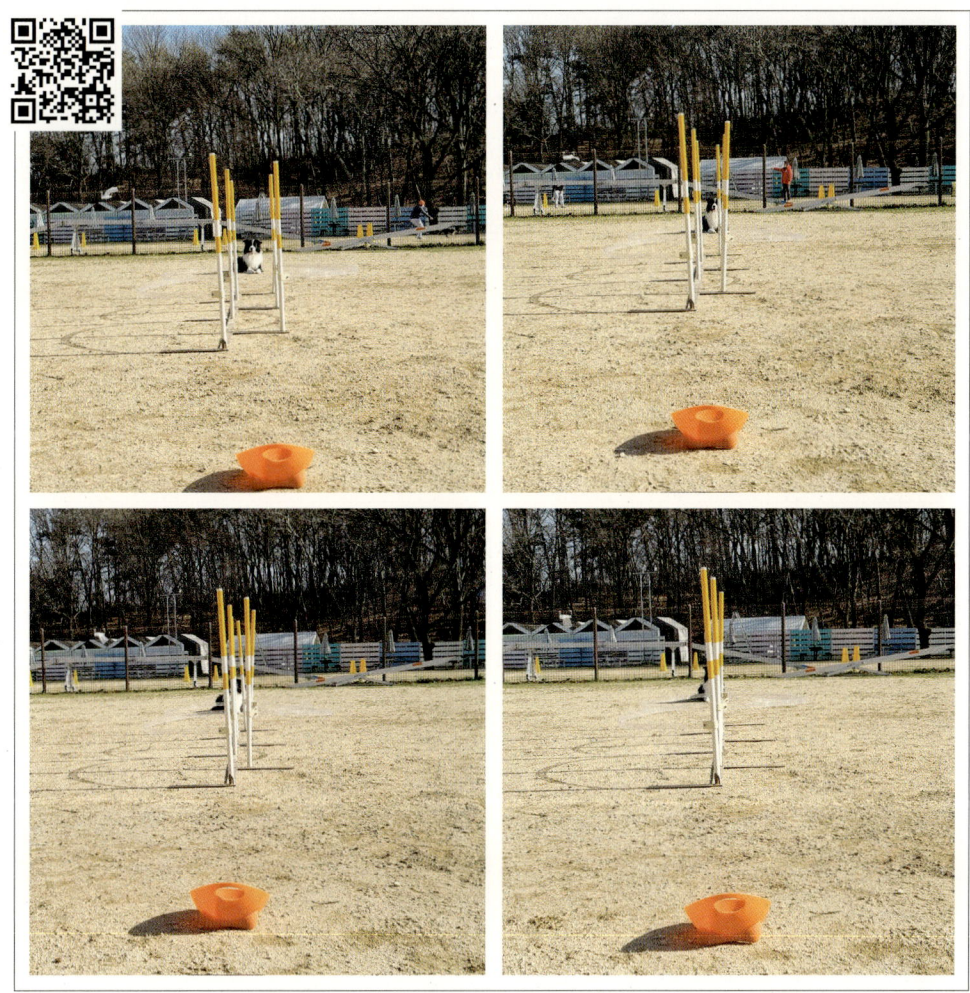

① 처음에는 폴과 폴 사이의 간격을 최대로 벌려 강아지가 거부감 없이 통과할 수 있도록 한다.
② 이후에 차츰차츰 사이 간격을 좁혀주며 롤링하는 모습을 체득화 할 수 있도록 한다.
③ 폴이 강아지 어깨에 닿을 정도의 간격이 되면 사물에 신체 접촉하는 것에 거부감이 있는 강아지의 경우에는 주의하여 간격을 천천히 좁혀가며 진행한다.
④ 최종적으로는 폴과 폴 사이의 간격이 없도록(일자)한다.
⑤ 너무 급하게 사이 간격을 좁히게 되면 실수할 확률이 높으니 서서히 줄여가야 한다.
⑥ 보상물은 낮은 위치에서 보상하는 것이 좋다. 높은 위치에서 보상하게 되면 강아지가 고개를 들고 위브 폴을 통과하는 모습을 보이게 된다. 고개를 들고 위브 폴을 통과하게 되면 앞다리가 높게 올라가고 통과하는 시간이 비교적 늦어질 수 있게 되므로 주의하여 가르친다.

tip 위브 폴은 오래 연습해야하는 장애물이다. 급하게 서둘러 가르치면 스텝이 꼬이는 부작용이 발생한다.

3 Back turn

지금까지 강아지가 허들을 넘고 돌아오는 교육을 하였다면 이것은 허들을 거꾸로 넘는 turn을 이야기한다. 기본적으로 Front turn을 기반으로 하고 이행하고자 하는 장애물을 핸들러의 가슴 방향이 정면이 되게 하여 장애물을 거꾸로 통과하고 오는 Turn을 일컫는다.

이때 주의할 점은 핸들러의 손과 발이 같이 움직인다는 것과 리드하는 발끝이 허들 윙의 Back방향(윙의 바깥 방향 끝단)과 일치되어야 한다는 것이다. 처음에는 가까운 곳에서부터 시작하여 점차적으로 먼 거리로, 최대 6-7m의 거리를 스스로 통과할 수 있어야 한다.

Back turn과 Go를 모두 학습한 강아지의 경우 핸들러의 발의 방향이 조금만 틀어져도 원하는 핸들링을 구사할 수 없게 된다. 핸들러의 몸동작, 특히 발의 방향에 유의할 수 있도록 한다.

① Go와 Back turn을 구별하여 가르친다.(명령어와 핸들러의 몸동작)
② 영상에서 Go의 경우에는 핸들러가 위치한 쪽의 윙을 향해 손과 발을 뻗고, Back turn의 경우 핸들러에게서 먼 쪽 윙을 향해 손과 발을 뻗음을 알 수 있다.
③ 핸들러의 발끝은 기차의 레일과 같다. 발끝이 향하는 쪽으로 강아지가 리드될 것이다.

🐾 tip 핸들러의 발과 손의 방향이 강아지의 Go와 Back을 구분 짓게 한다.

4. Rear cross

Rear cross는 코스상에 핸들러가 미리 움직일 수 없는 위치에서 사용하는 핸들링 기법이다. 이것은 강아지의 속력이 핸들러의 속도보다 빨라 핸들러가 미리 위치를 잡을 수 없는 코스에서 유용하게 사용할 수 있다. Rear cross는 핸들러와 강아지가 교차되는 시점에 강아지에게 '먼저 가세요'라고 길을 양보한다고 생각하면 이해가 빠를 듯하다.

Rear cross의 장점은 앞서 이야기한 것과 같이 핸들러가 강아지를 따라잡을 수 없는 코스에서 먼저 보내기 하여 Cross할 수 있다는 장점과 핸들러가 강아지를 뒤따르며 핸들링 하기에 실수의 확률이 높고 강아지는 핸들러가 뒤에 있기 때문에 핸들러의 움직임을 신경 써야 함으로 느리게 갈 수 있는 확률이 높다는 단점이 있다. Rear cross는 코스의 형태가 단순하고 회전이 많이 들어가지 않은 코스에서는 유익하게 사용할 수 있으나 회전 구간이 많고 유혹되는 장애물이 많은 구간에서는 실수의 확률이 높은 Cross이니 적시 적절하게 잘 사용하여야 한다. 또한 Rear cross는 차후에 Whisky turn의 기초가 되니 잘 숙지해 두어야 한다.

① 'Go 명령어 이해하기'를 잘 수행한 강아지라면 허들을 스스로 찾아 넘을 것이다.
② Cross가 이루어지는 시점에서 핸들러는 허들에서 이격된 상태로 강아지를 먼저 앞으로 리드하고 이동하고 정확한 방향으로 돌아 나오면 보상한다.
③ 초반에는 강아지가 헷갈려 할 수 있지만, 강아지가 핸들러를 인지하고 움직일 때까지 반복하여 교육한다.

④ 강아지는 핸들러의 움직임에 신경 쓰며 핸들러의 위치를 파악하고 핸들러가 있는 방향으로 돌아 나올 것이다.

tip Rear cross 하기 전에 핸들러는 강아지에게 '먼저 가 난 저리로 갈게'와 같은 핸들링 모션이 있어야 한다.

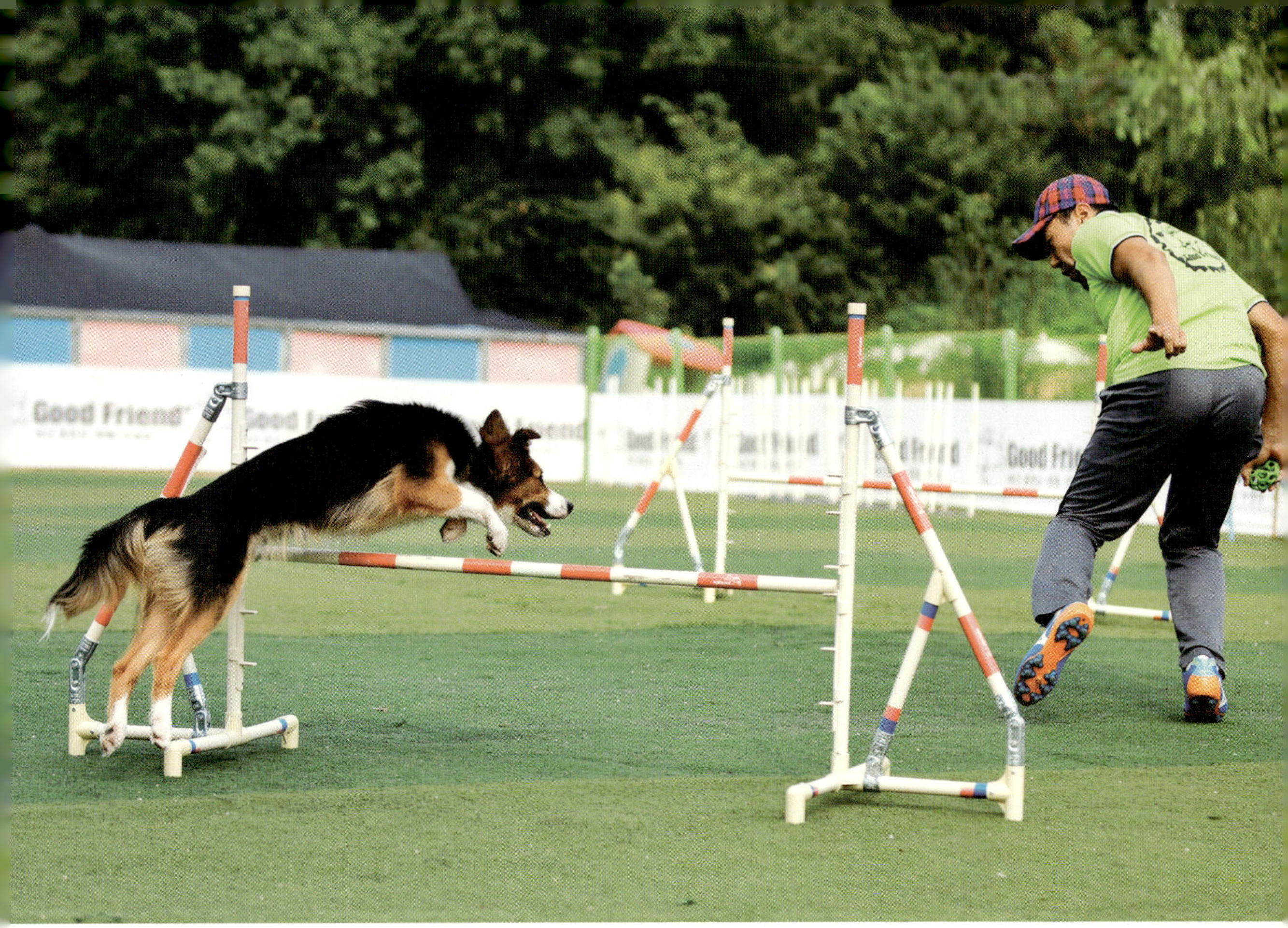
Good Friend

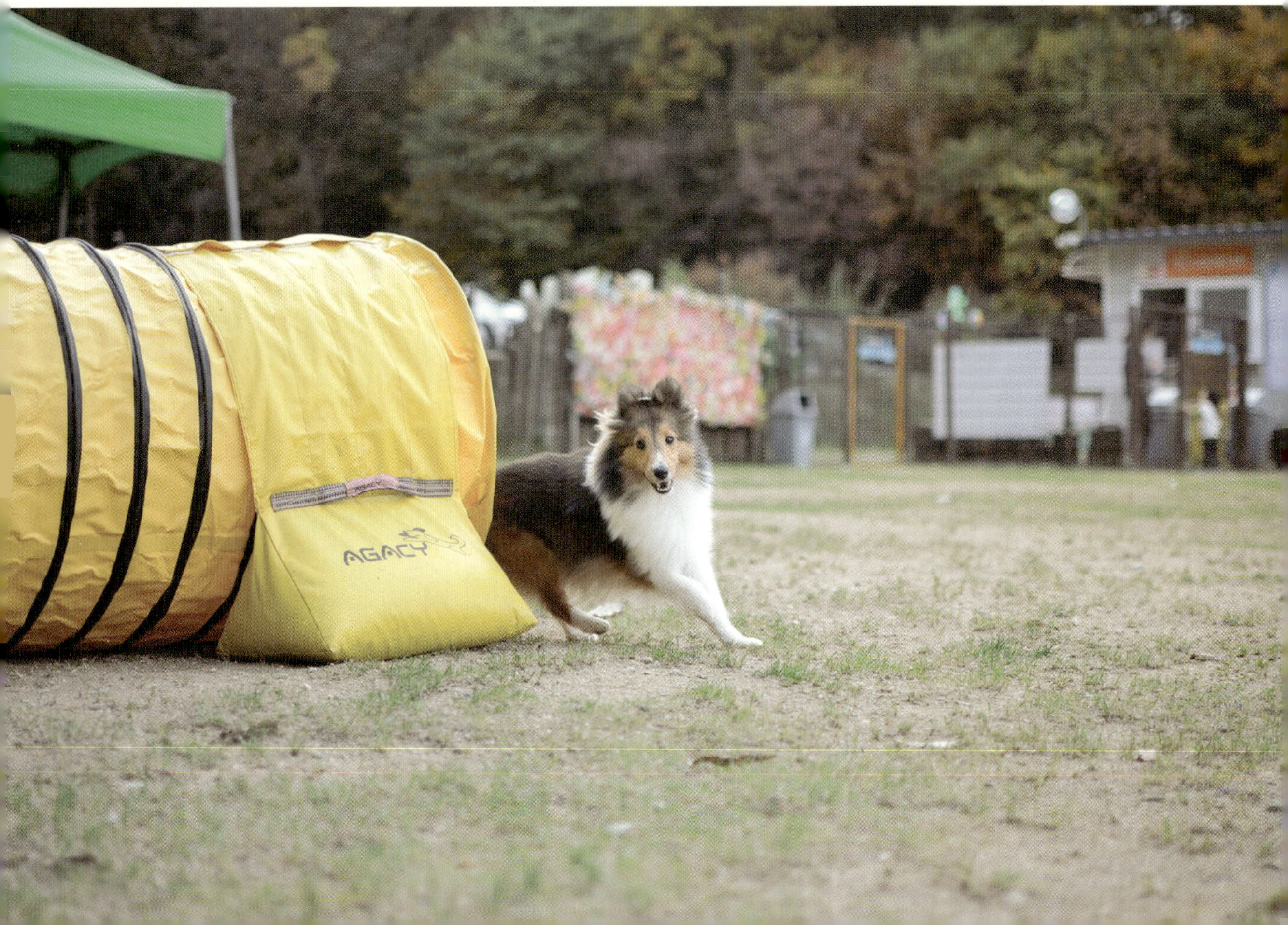
AGACY

07

Novice 2 Level

01 Weave pole - 12 pole
02 Long jump
03 Wall
04 Seesaw

07
Novice 2 Level

 Weave pole - 12 pole

앞서 이야기했듯이 위브 폴은 강아지의 좌측 어깨부터 진입하여야 하며, 마지막 폴까지 꼭 통과하여야만 하는 장애물이다.

위브 폴은 진·출입 각의 제한이 없는 장애물이므로 둔각에서 예각까지 진·출입할 수 있어야 한다. 위브 폴은 핸들러가 서 있는 방향에 따라 강아지가 1번 폴을 감싸고 진입할 수도 있고 1-2번 폴 사이를 찾아 진입해야 하는 경우도 생긴다. 대체적으로 1번 폴을 감싸고 진입하는 것은 쉬우나 1-2번 폴을 찾아 진입하는 것은 매우 어려운 과정이다.

1) Weave pole 진입 각

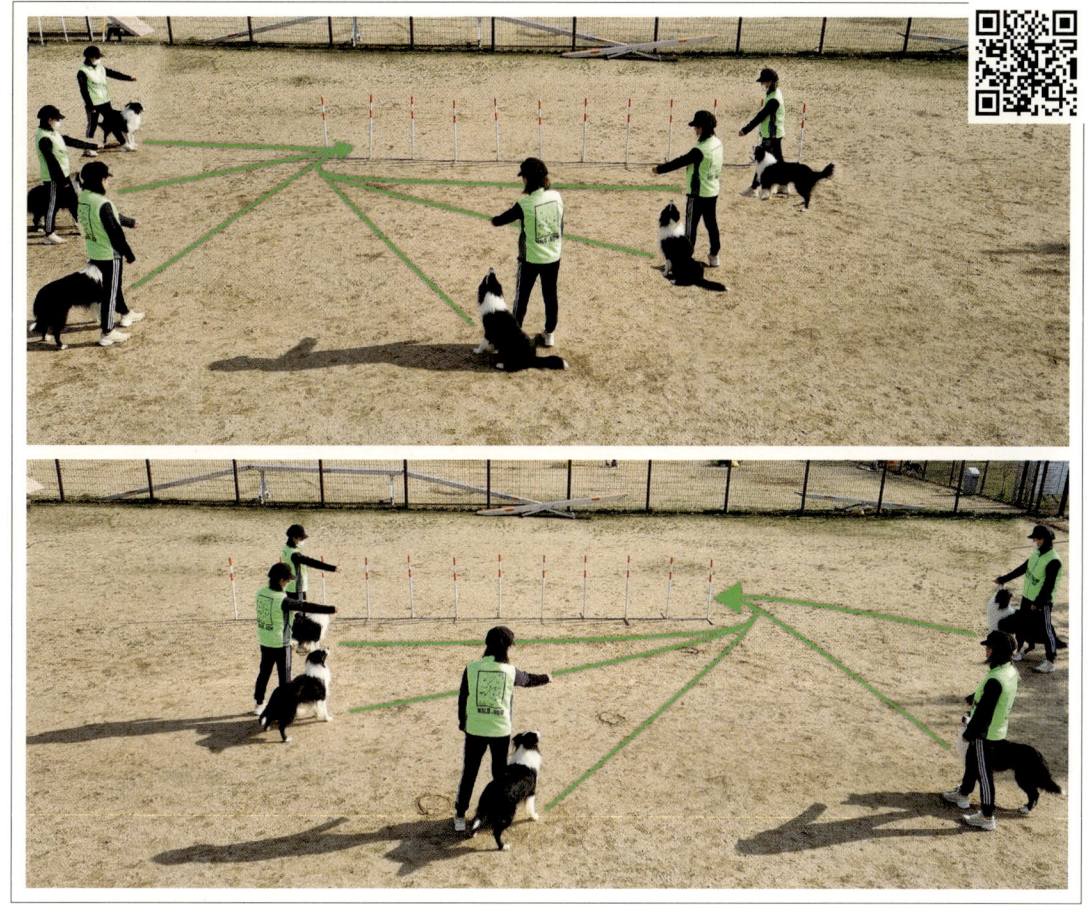

① 위브 폴의 진행 방향 정면에서부터 시계 방향, 혹은 반시계 방향으로 핸들러가 움직이며 위브 폴의 진입하는 각도를 점차 예각으로 진입할 수 있도록 가르친다.

② 어느 곳에서 강아지를 보내도 입구를 정확하게 찾아내는 것은 강아지의 몫이지만, 발끝이 정확하게 입구 쪽을 향해야 하는 것은 핸들러의 몫이니 주의하여 진행할 수 있도록 한다.

tip 핸들러의 위치와 상관없이 강아지는 입구를 찾아야 한다.

(2) 진행 방향에 따른 진입 지역

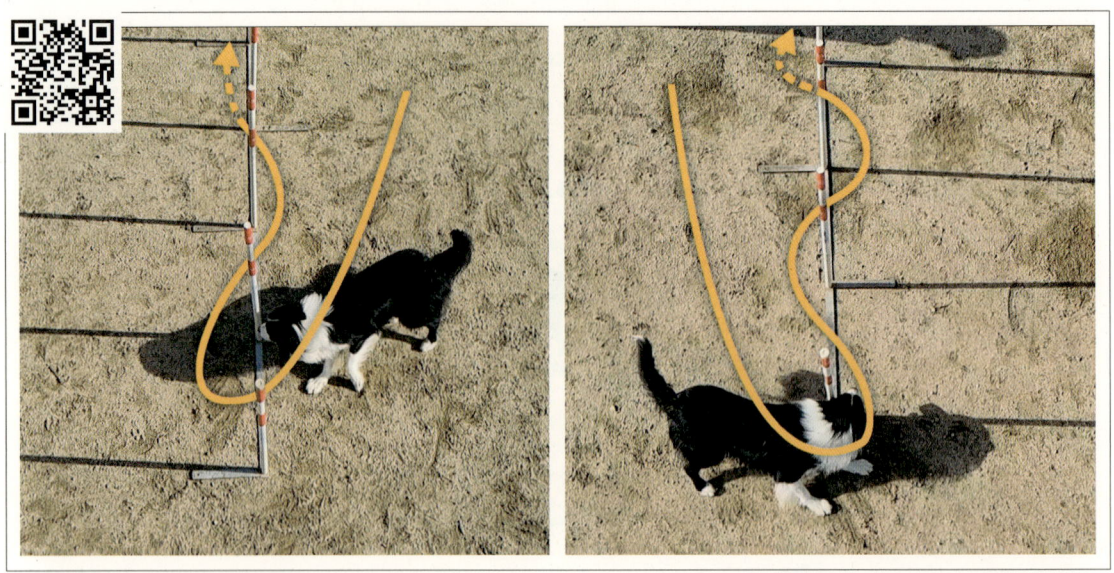

위브 폴은 진행 방향이 어디냐에 따라 1번과 2번 폴 사이를 찾아서 진입해야 하는 경우와 1번 폴을 감싸고 진입해야 하는 하는 2가지 방법이 있다.

대체적으로 1번 폴을 감싸고 진입하는 경우에는 큰 어려움 없이 교육이 가능하나 1번과 2번 폴 사이를 찾아 진입하는 방법은 꾸준한 교육이 되지 않으면 실수하는 경우가 많으니 많은 시간을 투자하여 교육하여야 한다.

tip 반드시 강아지의 좌측 어깨부터

2. Long jump

롱 점프는 넓이 뛰기라고 보면 좋을 듯하다. 체고에 따라 2~4개, 5개의 유닛으로 이루어져 있으며 4개의 가이드 폴이 설치된다. 롱 점프는 진행 방향이 터널과 같이 입구와 출구가 정해져 있다. 진행 방향에 맞게 점프하여야 하며 측면이나 거꾸로 넘는 경우 실격에 처한다.

(1) Long jump

롱 점프는 처음부터 넓게 하여 무리하게 가르치는 것보다는 1개의 유닛부터 시작하여 점차적으로 개수를 늘려 나가며 간격을 넓혀 주는 것이 바람직하다. 하나하나 적응하며 가르치게 되면 안정적인 포물선을 그리며 넓게 점프할 것이다. 이때 최대한 도움닫기 할 수 있도록 거리를 조절해 주어야 한다.

① 유닛을 하나 두고 강아지를 대기하여 위치시키고 반대편에서 핸들러가 부르고 올바르게 넘으면 보상한다.
② 유닛의 개수를 점차 늘려가며 진행하고 그 간격도 점차 늘려 가도록 한다.
③ 최종적으로 강아지의 체고에 맞는 수의 유닛을 수행할 수 있도록 교육한다.
④ 핸들러는 강아지와 함께 뛰며 통과하는 연습을 한다.
⑤ 이후에 차츰차츰 강아지가 명령에 의해 스스로가 롱 점프를 통과할 수 있도록 해 주어야 한다. 스스로가 명령에 의해 통과할 줄 알아야 핸들러의 위치에 상관없이 명령하는 장애물을 찾아 통과할 수 있기 때문이다.

tip 강아지가 도움닫기 할 수 있는 충분한 도약 거리와 착지 이후의 거리가 있어야 한다.

(2) 진입 각도

타이어와 마찬가지로 안전상 롱 점프는 거꾸로 넘거나 지나치게 측면에서 진입하지 못하게 규정하고 있다. 지나치게 측면에서 진입할 경우 출구 쪽 가이드 폴과 마찰이 있을 수 있으며 유닛을 밟아 다치는 사고가 많이 있기 때문이다.

① 점점 각도를 주어 교육을 진행한다.

3 Wall

　벽은 허들과 같은 장애물이나 특이한 점은 앞이 보이지 않게 꽉 막힌 장애물이란 점이다. 강아지들은 앞이 보이는 장애물에 대한 거부감은 잘 없으나 벽과 같이 앞이 보이지 않는 장애물에 대해선 거부감을 느끼는 아이들이 많다.

(1) Wall

　벽을 교육할 때 제일 낮은 높이부터 체고에 맞게 차츰 점진적으로 교육시키는 것이 바람직하다. 롱 점프와 마찬가지로 하나하나 적응하며 가르치게 되면 안정적인 포물선을 그리며 넓게 점프할 것이다. 이때 최대한 도움닫기 할 수 있도록 거리를 조절해 주어야 한다.

① 롱 점프와 같은 방법으로 교육을 진행하며 벽의 높이를 점차 올려 준다.
② 최종적으로 강아지의 체고에 맞는 수의 벽을 수행할 수 있도록 한다.
③ 핸들러는 강아지와 함께 뛰며 통과하는 연습을 한다.
④ 이후에 차츰차츰 강아지가 명령에 의해 스스로가 벽을 통과할 수 있도록 해 주어야 한다. 스스로가 명령에 의해 통과할 줄 알아야 핸들러의 위치에 상관없이 명령하는 장애물을 찾아 통과할 수 있기 때문이다.

(2) Wall 진입 각도

롱 점프와 마찬가지로 안전상 벽 또한 거꾸로 넘거나 지나치게 측면에서 진입하지 못하게 규정하고 있다. 벽은 다른 장애물에 비해 기둥의 넓이가 넓어 지나치게 측면에서 진입할 경우 벽의 기둥과 마찰이 있을 수 있으며 측면에서 뛸 경우 유닛을 밟아 다치는 사고가 많이 있기 때문이다.

① 점점 각도를 주어 교육을 진행한다.

4 Seesaw

　시소는 어질리티 장애물 중 유일하게 높은 곳에서 낮은 곳으로 떨어지는 장애물이다. 강아지가 움직이는 장애물에 대해 익숙하지 않는 아이라면 겁먹을 확률이 대단히 높다. 시소를 가르치는 방법에는 여러 가지 다양한 방법이 있다.

　Foundation training 과정에서 Wobble board를 사용하여 덜컹거리는, 혹은 움직이는 장애물에 대해 거부감을 줄여 주었다면 조금은 익숙해졌으리라 생각한다.

　시소는 예민한 아이들에겐 꽤 겁나는 장애물로 겁이 없는 아이와 겁이 많은 아이 두 가지 예를 들어 설명하도록 하겠다.

(1) 겁이 없는 강아지

① 시소를 최대한 낮춰 놓고 시소에 올라가는 연습을 한다. 시소의 높은 곳이 아래로 떨어지지 않도록 받쳐 두고 시소의 상단에 보상물을 두어 강아지로 하여 높은 곳까지 가면 보상 받을 수 있다는 것을 우선적으로 인식 시켜 둔다.

② ①의 작업을 잘 수행한다면, 시소를 빠르게 올라가며, 시소의 상단 Touch line까지 정확하게 밟을 수 있을 것이다.

③ 이후 시소의 높이를 점차적으로 올리며 규정에 맞는 높이까지 적응시킨다.

④ 강아지가 시소의 상단 끄트머리에서 엎드리게 가르친다.

⑤ 엎드리게 가르치는 이유는 시소는 아래로 떨어지는 장애물로 서 있게 되면 무게 중심이 흐트러져 실책할 수 있는 확률이 높고 엎드리는 습관을 들이면 시소가 떨어질 때 무게 중심이 아래로 향해 좀 더 안정성을 높일 수 있기 때문이다.

⑥ ④가 잘된다면 점차 받침대의 높이를 낮추며 시소가 아래로 떨어지도록 한다.

⑦ 최종적으로는 받침대 없이 시소가 지면에 떨어질 때, 강아지는 엎드려 상태를 유지하고 있다가 지면에 쿵 하고 닿음과 동시에 강한 제동력으로 달려 나가야 한다.

(2) 겁이 많은 강아지

겁이 많은 강아지는 시소가 떨어질 때 생기는 중력과 땅에 닿은 후 생기는 쿵하는 소음으로 인해 더 많이 겁을 먹을 수 있다. 그러므로 시소에 올라타게 하는 교육보다는 위아래로 움직이는 것에 대한 적응이 더 필수적이다. 기초 교육 시 Wobble board를 사용한 강아지라면 많은 도움이 될 것이다.

① 루어링을 통해 강아지를 시소 위로 올린다.
② 점차 루어링을 줄여 가며 강아지 스스로 시소를 터치하고 돌아올 수 있도록 한다.
③ 시소의 오르막 부분을 받쳐 두고 내리막 부분을 지면에서 살짝 띄워 준다. 띄워 주는 간격은 강아지에 따라 다르지만 겁이 많은 아이라면 지면부터 차근차근 띄워 주는 것이 바람직하다. 쿵 하는 소음이 크지 않도록 떨어지는 면에 패드를 깔아 두어 소음을 감소시켜 주는 것이 좋다.
④ 앞의 과정이 어느 정도 잘 진행된다면 시소의 상단에 가까운 부분부터 허들의 윙을 설치하여 시소에 올라탈 수 있도록 도와준다. 이때부터 강아지가 상단 Touch line에서 엎드릴 수 있도록 교육하는 것이 좋다.
⑤ 앞의 과정이 잘 이루어졌다면 받침대를 치우고 오르막으로 진입하여 시소 끝에 엎드릴 수 있도록 한다.
⑥ 시소의 높이를 천천히 올려가며 반복하여 숙달하도록 한다.

(3) 공통

① 위의 두 과정이 큰 무리 없이 잘 진행이 된다면 시소의 오르막 부분을 발로 밟아 떨어지지 않도록 고정한다.

② 헬퍼는 강아지가 시소의 끝에 엎드리면 발을 떼어 시소가 지면으로 떨어질 수 있도록 하고 핸들러가 보상하는 방법으로 진행한다.

③ 이 방법은 강아지가 시소의 상단부까지 머뭇거리면서 올라가는 아이들에게 효과적인 방법이다. 올라가는 동안에는 시소가 내려갈 염려가 없다는 것부터 교육시켜 바르게 올라가게 만들고 안정된 상태에서 저점으로 떨어지는 연습을 하는 것이다.

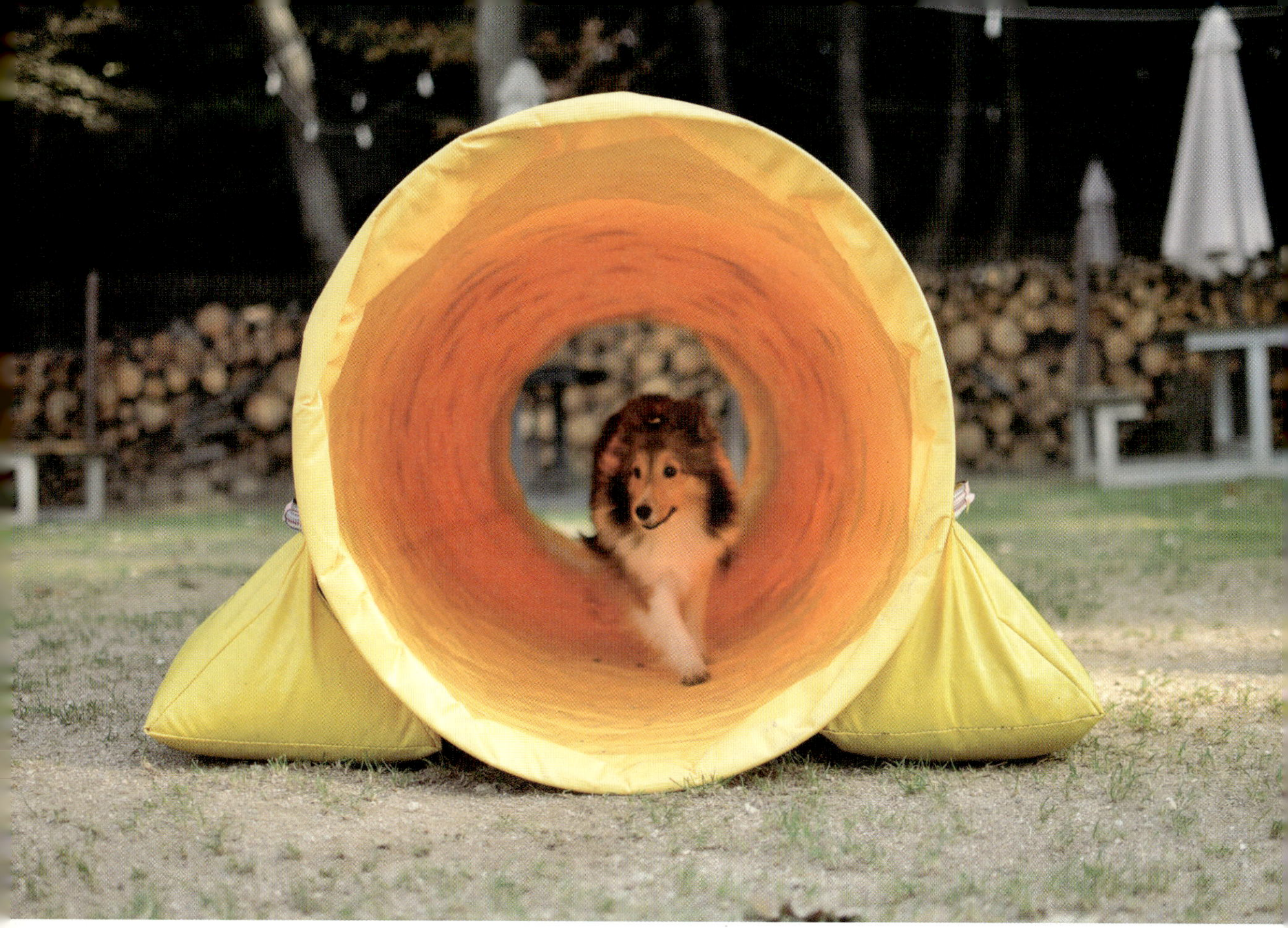
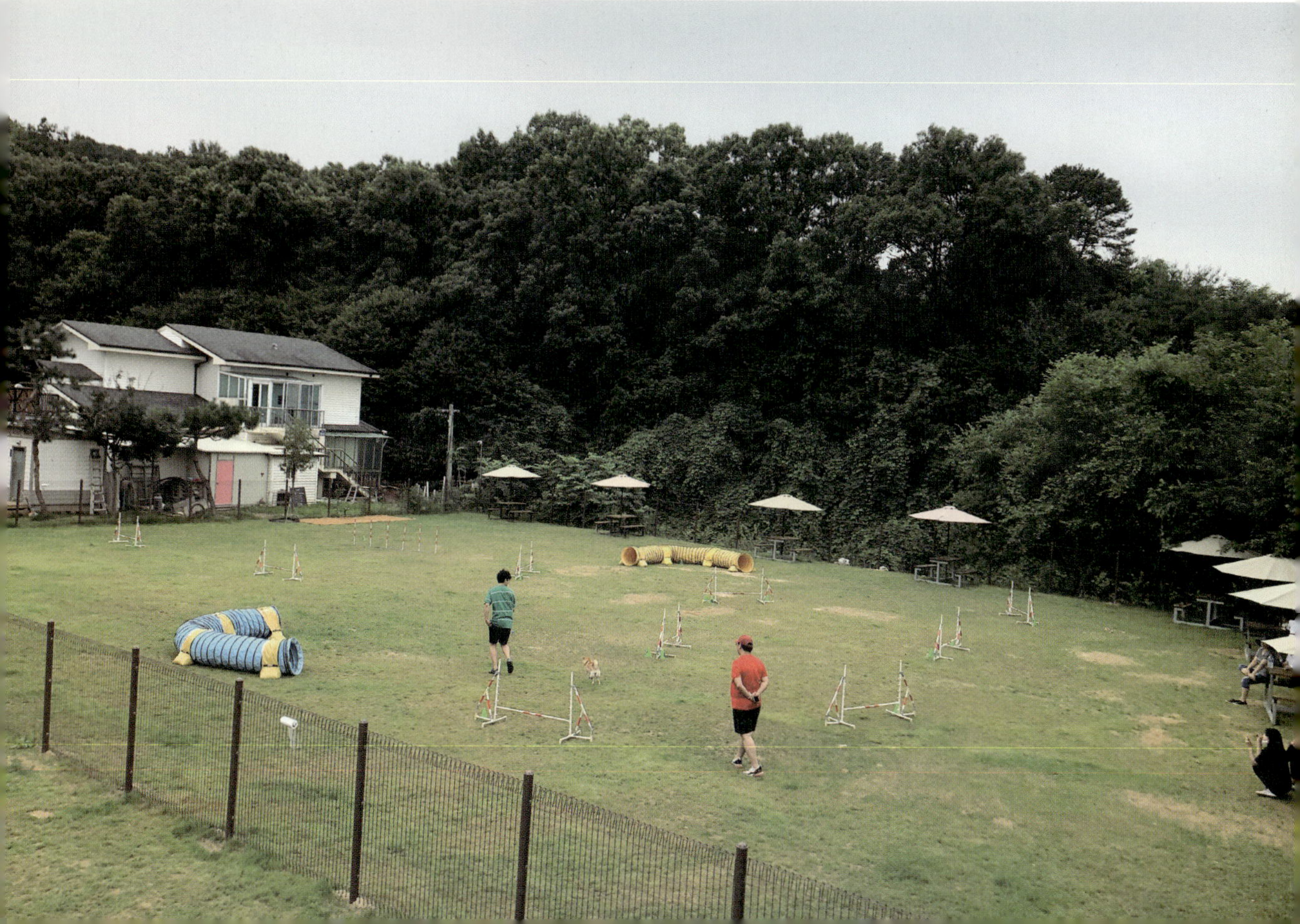

08

JP/AG 1 Level

01 Weave pole - 12 pole(핸들러 위치 변화)

02 Dog walk(2on2off, 4on, Running contact)

03 A-frame (4step, 2on2off)

04 Turn

08
JP/AG 1 Level

 Weave pole - 12 pole(핸들러 위치 변화)

핸들러가 위치 변화를 하더라도 강아지는 목적의식을 갖고 마지막 폴까지 수행하여야 하는 장애물이다. 처음 위브 폴을 진입할 때 핸들러의 위치가 때에 따라서는 반대쪽 방향으로 이동해야 하는 경우가 있다. 이때는 강아지가 진입하는 방향대로 따라 반대쪽으로 이동해야 하는 경우도 있지만 진입한 이후 진출하는 방향으로 핸들러가 미리 움직여 반대쪽으로 이동해야 하는 경우도 있다.

대체적으로 핸들러가 이동 시에 강아지는 위브 폴 도중 이탈하여 핸들러를 따라 오는 경우가 많다. 이를 미연에 방지하고자 강아지는 1~12번 폴을 어떠한 경우에도 완료 후 핸들러를 따라오게 교육하여야한다.

tip 핸들러는 강아지가 위브 폴 통과 시 자유롭게 움직일 수 있어야 한다.

Dog walk(2on2off, 4on, Running contact)

도그 워크를 통과하는 핸들링 방법으로는 크게 3가지가 있다. 각 핸들링별 장단점이 있으니 핸들러의 스타일과 강아지의 성향에 맞게 선택해 교육하는 것이 좋다.

(1)Running contact

Running contact란 강아지가 스피드를 줄이지 않고 달려오던 속도 그대로 도그 워크의 Touch line을 밟고 통과하는 방법이다. 강아지가 속도를 줄이지 않고 통과하기 때문에 모두 같은 조건이라면 다른 두 핸들링보다 속도 면에서 좋다. 다만 강아지가 Touch line을 밟지 않고 그대로 뛰어 내릴 수 있어 교육이 확실하게 되어 있지 않다면 실책을 할 가능성이 높다.

① 도그 워크를 최대한 낮추고 내리막 슬로프 끝 쪽에 강아지를 올리고 내리막 슬로프 끝부분에 패드를 설치하고 핸들리의 옆에서 강아지가 내려가서 패드를 밟고 오게끔 해준다.

② 핸들러는 점차적으로 평행 슬로프 쪽으로 멀어지며 리드해 주고 이때 터치 패드 또한 지면에서부터 Touch line 쪽으로 재배치한다.

③ ②번이 잘 이행되었다면 헬퍼를 평행 슬로프 쪽으로 배치하고 핸들러는 도그 워크의 정면에서서 핸들러가 강아지보다 앞서 있을 경우에도 강아지는 터치 패드를 밟고 올 수 있도록 한다. 보통 핸들러가 앞서 있는 경우 강아지는 핸들러에게 빠르게 가고자 하는 생각에 터치 패드를 밟지 않고 오는 경우가 많으니 주의하여야 한다.

④ 강아지가 잘 밟고 온다면 강아지의 위치를 점점 뒤쪽으로 이동해 반대편 오르막 슬로프까지 이동시키고 도그 워크 전 과정을 진행한다.

⑤ 강아지를 뒤쪽으로 이동시킬 때 너무 급하지 않게 하며 터치 패드를 밟지 않고 오는 경우에는 보상을 주지 않는다.

tip 도그 워크 교육 중 가장 오래 걸리고 실책할 확률이 높다 꾸준하게 교육할 필요가 있다.

(2) 2on2off

2on2off는 강아지가 도그 워크 내리막 슬로프 Touch line을 밟은 상태로 기다리게끔 하는 핸들링이다. 2on2off의 경우는 두 발만 장애물 위에 있는 상태에서 기다리게 하는 핸들링 방법이다. 이 방법은 끝에서 기다리게끔 하는 교육이다 보니 아무래도 Running contact보다는 속도가 느리지만, Touch line을 안정적으로 밟을 수 있고 핸들러가 느리거나 강아지가 너무 드라이브가 높아 통제가 안 되는 경우에 사용하면 좋다.

① 강아지를 도그 워크 위로 올려 앞발 두 개만 지면에 닿도록 루어링 해 준다.
② 강아지를 점차 먼 곳에서부터 내리막 슬로프로 오게 하며 진행한다.
③ 핸들러는 정면에서 보상하다가 후에 측면에서 보상할 수 있도록 한다.
④ 내리막 슬로프 바로 앞에 보상물을 두어 자연스럽게 강아지가 2on2off 자세를 취할 수 있도록 한다.
⑤ ④가 잘 이루어졌다면 보상물을 치우고 강아지는 2on2off 자세를 취하게 된다. 핸들러의 신호에 따라 움직일 수 있도록 반복 숙달한다.

(3) 4on

4on은 강아지가 도그 워크 내리막 슬로프 Touch line을 네 다리 모두 밟은 상태로 기다리게끔 하는 핸들링이다. 필자는 4on 상태를 엎드리도록 가르친다. 엎드려 자세는 혹시 모를 실책을 예방할 수 있는 하나의 자물쇠이기 때문이다.

이 방법은 끝에서 기다리게끔 하는 교육이다 보니 아무래도 Running contact보다는 속도가 느리지만, Touch line을 안정적으로 밟을 수 있고 핸들러가 느리거나 강아지가 너무 드라이브가 높아 통제가 안 되는 경우에 사용하면 좋다.

① 내리막 슬로프를 받침대로 지면에서 띄워 놓고 강아지를 도그 워크 끝에서 엎드려 시키고 보상한다.
② 강아지가 도그 워크 위에서 출발하는 위치를 점차 오르막 슬로프 쪽으로 가까이 한다.
③ 강아지와 마주보며 보상하다가 점차 강아지의 옆에서 보상한다. 코스 상에서 도그 워크를 수행할 때 핸들러와 마주보는 것이 아니기 때문이다.
④ 강아지와 함께 달리며 마찬가지로 도그 워크 끝에 엎드려 시킨다(아무런 장치 없이 출발하게 되면 강아지가 핸들러보다 많이 앞설 것이기 때문에, 고깔에 턴을 하거나 대기를 시키고 핸들러의 신호에 맞춰 출발하는 방법을 사용한다).
⑤ 받침대를 제거하고 동일하게 진행하여 반복 숙달한다.
⑥ 받침대를 제거하면 내리막에서 강아지의 속도가 그대로 살면서 Touch line을 밟지 않고 내려오는 문제가 발생할 수 있다. 이런 문제가 발생할 경우에는 받침대의 높이를 낮추며 진행할 수 있도록 하는 것이 좋다.

(4) 주의사항

도그 워크를 교육할 때 주의할 점으로는 슬로프의 폭이 좁아 강아지들이 떨어지는 경우가 종종 발한다. 이때 핸들러가 그것에 너무 크게 반응하면 강아지들이 더욱 놀라 도그 워크를 거부 할 수 있으니 주의해야 한다. 강아지가 도그 워크에 거부감 없이 올라간다면 핸들러는 도그 워크에 너무 가까이 붙어서 가지 않도록 한다. 핸들러가 도그 워크에 가깝게 붙으면 붙을수록 강아지는 핸들러를 신경 쓰다 실수할 확률이 높으니 핸들러는 항상 적당한 거리를 두는 것이 좋다.

3. A-frame (4step, 2on2off)

A프레임 같은 경우에는 나머지 2가지 Contact 장비에 비해 높이가 높고 경사가 급하지만 폭이 넓고 Touch line도 더 길다. 그래서 너무 급하게만 하지 않는다면 강아지가 무서워하지는 않을 것이다.

(1) 4Step

4Step은 말 그대로 4번의 스텝으로 장애물을 통과하는 방법이다. 기다리게 하거나 어떤 자세를 취함으로써 Touch Line을 밟게 하는 방법이 아닌, A프레임을 타고 올라갔다가 내려가는 스텝을 체득화할 수 있도록 하는 방법이다.

① 가이드를 바닥에 1개부터 개수를 늘려 일자로 두고 헬퍼가 강아지를 잡고 핸들러가 반대편에서 부른다.
② 웬만한 강아지라면 가이드를 밟지 않고 스텝을 밟으며 핸들러에게 도달하는 모습을 보일 것이다. 반복하여 익숙해질 수 있도록 한다. 이때 가이드의 간격은 강아지가 1스텝으로 뛸 수 있는 간격이여야 한다.
③ A프레임에 적응시키기 위해 높이를 최대한 낮추고, 헬퍼가 강아지를 잡고 핸들러가 반대편에서 부르고 보상한다.
④ 가이드를 내리막 슬로프에 2개 장착하여 진행하고, 후에 4개의 가이드를 모두 장착한 상태로 진행한다.
⑤ 강아지의 스텝이 어느 정도 잡히기 시작한다면, A프레임의 높이를 점차 올리고 후에 정식 규정의 높이까지 올린다.
⑥ 강아지와 함께 뛰며 진행하고 반복한다.
⑦ 중요한 것은 강아지마다 스텝의 차이가 있을 수 있으므로 강아지의 스텝을 잘 파악하여 가이드를 옮기며 진행할 수 있도록 한다.

tip 스텝을 이용하는 경우 A프레임 상단 모서리를 절대로 밟게 해서는 안 된다.

(2) 2on2off

2on2off는 도그 워크와 마찬가지로 강아지의 발이 두 개만 지면에 내려와 있는 상태로 기다리는 것을 말한다.

교육은 도그 워크의 2on2off 교육 방법이랑 크게 다르지 않다.

① 강아지를 A프레임 위로 올려 앞발 두 개만 지면에 닿도록 루어링 해 준다.
② ①의 과정이 잘 이루어진다면 헬퍼가 강아지를 잡고 핸들러가 반대편에서 부르며 마찬가지로 앞발 두 개만 지면에 닿을 수 있도록 한다.
③ 계속해서 2on2off 자세를 만들 수 있도록 반복하여 교육한다. 점차 핸들러의 거리가 멀어져도 그 자세로 대기할 수 있도록 한다.
④ 강아지와 함께 뛰어 강아지는 2on2off 자세를 취하고 핸들러는 멀어졌다가 돌아와서 보상한다.
⑤ ④가 잘 이루어진다면 강아지가 2on2off 자세를 취하고 난 후 불러서 핸들러에게 보상물을 얻을 수 있도록 한다.

(3) 주의 사항

A프레임 교육을 할 때 도움을 주는 가이드는 핸들링 기법과 상관없이 A프레임의 정점에는 항상 설치하도록 한다.

A프레임을 통과할 때 강아지가 꼭대기를 밟고 통과한다면 원활하게 스텝을 밟을 수 없고 강아지의 구조상 뒷발에 정점에 닿게 되면 뛰어내릴 확률이 높기 때문이다. 그러므로 A프레임의 정점을 밟고 넘는 것이 아니라 허들처럼 뛰어 넘어야 한다는 느낌으로 교육해 주어야 한다.

4 Turn

(1) German turn

German turn은 Front back+K-turn의 조합으로 이뤄진 핸들링 기법이다. 강아지는 허들을 위에서 봤을 때 S모양이 되도록 허들을 넘는다.

German turn은 핸들러가 허들의 Back 이후 빠르고 회전이 타이트하게 움직일 수 있는 장점을 갖는다.

연습하는 방법은 기존의 Back turn을 이용한다.

① Back turn을 하고 핸들러에게 돌아 나와 보상을 얻을 수 있도록 한다. 핸들러는 그 자리에 그대로 있는다.

② 핸들러가 점점 반대쪽 허들 윙으로 이동하며 리드하는 손으로 강아지를 불러들인다.

③ ②가 원활하게 진행된다면 핸들러는 과감하게 반대쪽 윙을 지나 앞으로 나아가며 K-turn 자세를 취해 강아지가 넘어오도록 한다.

④ 핸들러의 가슴 방향을 허들 방향으로 유지하는 것이 중요하다.

⑤ 주의할 점은 강아지가 넘지 않을 것이라고 생각해 허들 앞에서 머무는 경우가 많은데, 그렇게 되면 오히려 강아지가 가야 하는 길을 방해해서 허들을 떨어뜨리거나 허들을 넘고 핸들러와 부딪히는 현상이 발생할 수 있다.

⑥ German turn 기초 연습이 잘 이루어졌다면 강아지가 S자 회전 이후 핸들러가 리드하는 손을 Blind cross로 변경하는 연습을 한다.

tip 허들 가까이에서 Back 사인을 주게 되면 핸들러가 돌아 나가기가 힘들다. 허들 먼 곳에서 Back 사인을 주어 통과하는 것을 연습하자.

(2) Back push

Back push는 전 장애물에서 핸들러의 가슴 방향으로 강아지를 리드하여 넘기는 형태로 Lap turn과 유사하나 강아지가 허들을 넘고 회전하는 방향이 반대이다. Back push 사용은 예리한 각의 장애물에서 효과적이다.

① 강아지를 허들 안쪽으로 가슴 방향을 이용하여 리드한다.
② 강아지가 윙을 지나쳐 올 때 Back push, 말 그대로 미는 느낌으로 반대쪽 윙으로 손과 발로 한 스텝 누르 듯 밀어 주며 진행 방향으로 나아간다.
③ 강아지를 확실하게 불러들이고 정확한 타이밍에 밀어 주는 것이 중요하다.
④ 강아지가 허들의 거부 라인을 넘어설 때까지 핸들러는 가슴 방향을 유지해야 하며 강아지가 거부 라인을 넘어설 때 푸쉬 동작을 취해 주어야 한다.

tip Back push는 핸들러의 리드하는 손이 쭈~욱 밀어 준다.

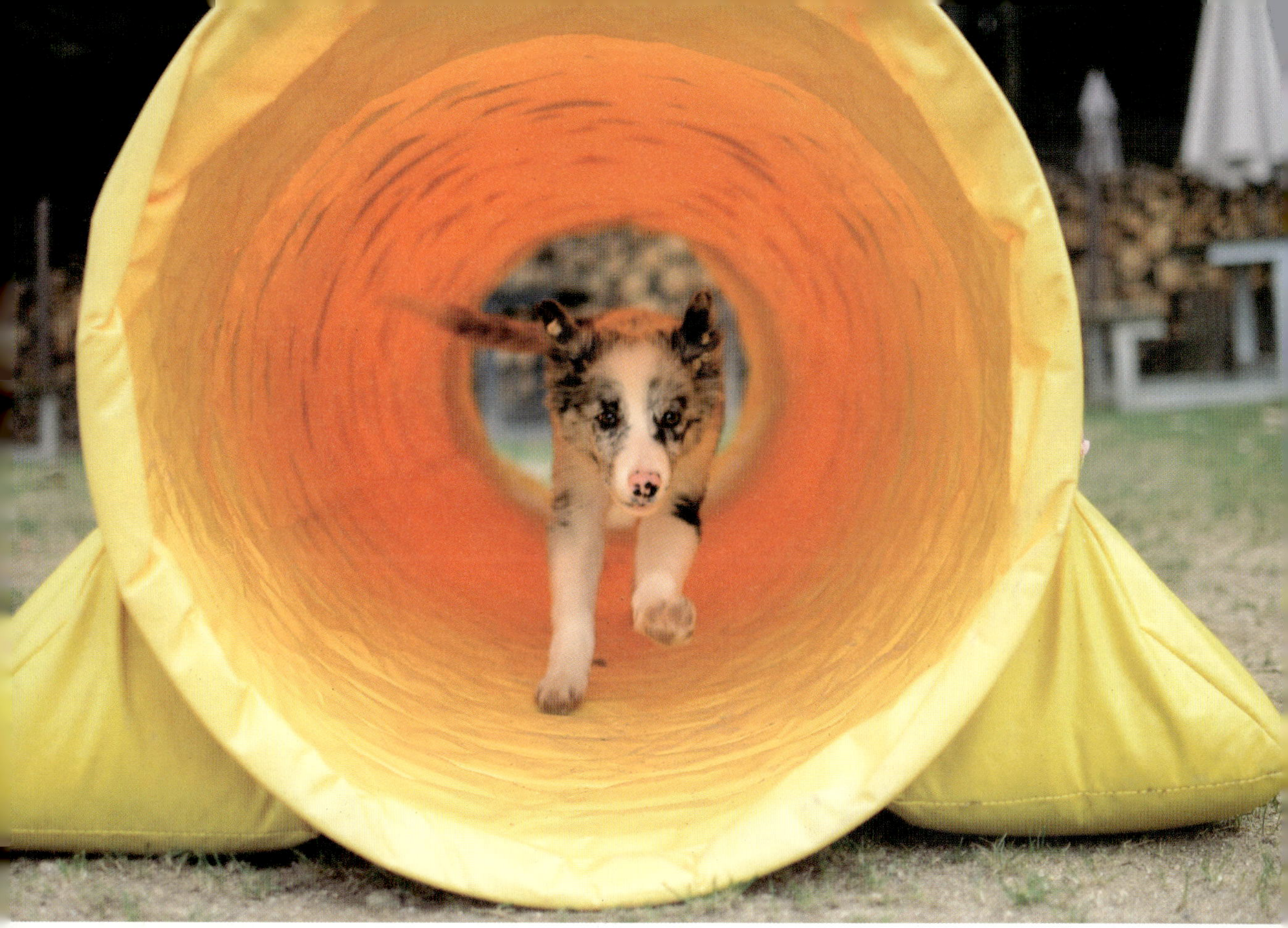

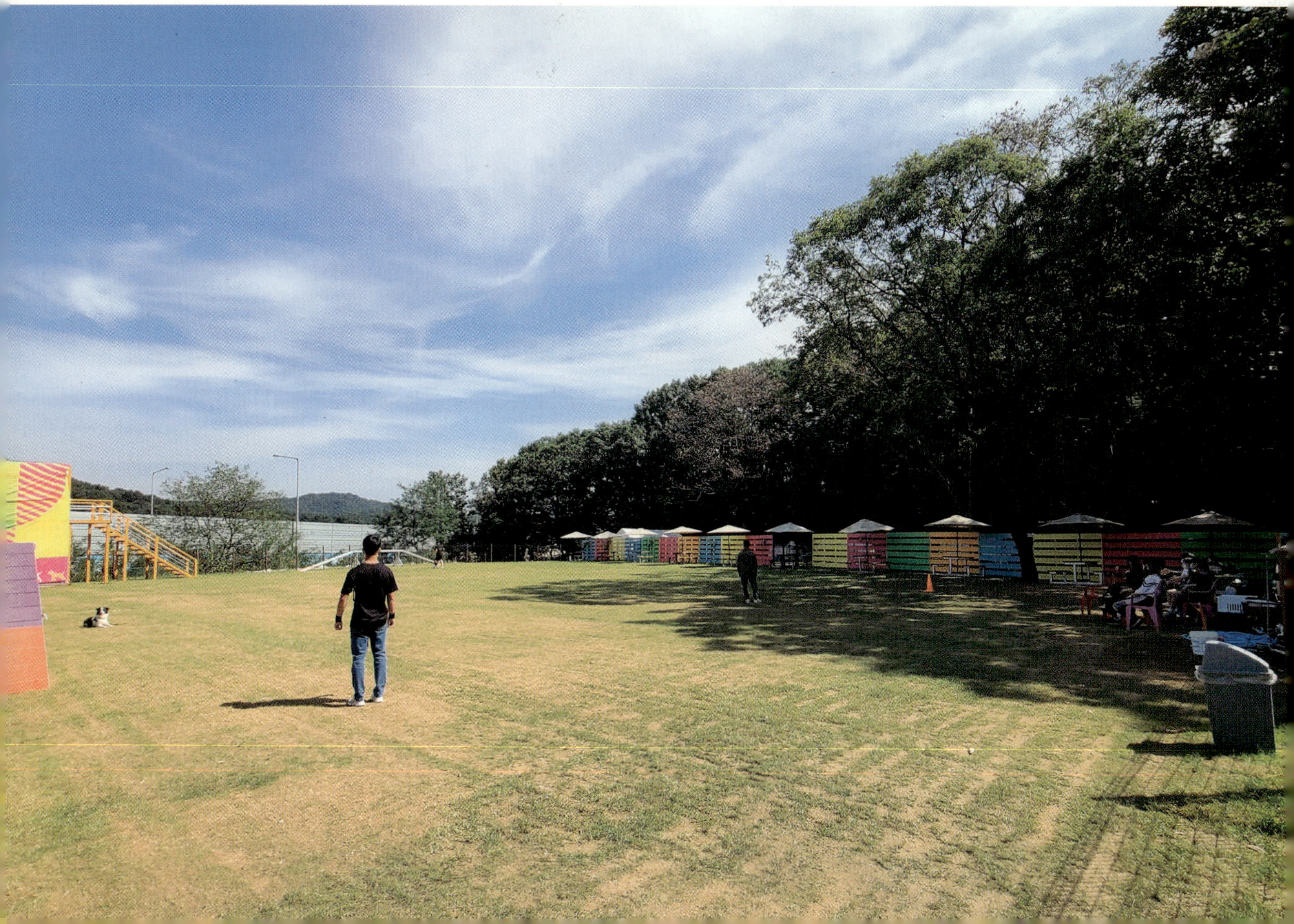

09

JP/AG 2 Level

01 장애물 조합
02 Turn

09
JP/AG 2 Level

 1 장애물 조합

(1) Weave pole – 12 pole+Tunnel

위브 폴은 터널과의 조합으로 자주 구성된다. 그러므로 위브 폴과 터널을 확실하게 구분지어 통과할 수 있도록 교육시켜야 한다.

① 처음에는 정면에서부터 시작하여 최대 90도 이상의 각도에서도 명령에 맞는 장애물을 통과하도록 연습한다.

② 중요한 것은 강아지가 명령어를 확실하게 인지하여 장애물을 찾아들어갈 수 있어야 하는 것과 핸들러가 명확한 명령어와 함께 손과 발의 방향으로 확실하게 구분시켜 줄 수 있도록 한다.

③ 코스 상에서는 확실하게 손과 발의 방향으로 제시해줄 수 없는 경우가 발생할 수 있으므로, 각 장애물에 맞는 명령어를 확실하게 인지할 때까지 사전에 반복하여 숙달하는 것이 가장 좋다.

④ 이것은 기초 교육에서 물품 구별을 교육하였던 강아지라면 조금은 수월하게 진행할 수 있다.

tip 핸들러의 발끝과 손끝이 진행 방향이다. 이후에는 명령만으로 구분할 수 있도록 한다.

(2) Tunnel+Touch 장애물(장애물 구별)

도그 워크와 A프레임과 터널의 조합의 경우에는 터널을 Contact 장비 밑으로 통과시켜 코스를 구성할 수 있다. 터널 입구와 Contact 장비의 오르막 슬로프가 나란히 배치되는 코스가 많으므로 두 가지 이상의 장애물을 분별하도록 교육하여야 한다.

(2)-1 Tunnel+Dog walk

① 강아지가 명령어를 확실하게 인지하여 장애물을 찾아들어갈 수 있도록, 핸들러가 명확한 명령어와 함께 손과 발의 방향으로 확실하게 구분시켜 줄 수 있도록 한다.
② 코스 상에서는 확실하게 손과 발의 방향으로 제시해줄 수 없는 경우가 발생할 수 있으므로, 각 장애물에 맞는 명령어를 확실하게 인지할 때까지 사전에 반복하여 숙달하는 것이 가장 좋다.
③ 이것은 기초 교육에서 물품 구별을 교육하였던 강아지라면 조금은 수월하게 진행할 수 있다.

🐾 tip 핸들러의 발끝과 손끝이 진행 방향이다. 이후에는 명령만으로 구분할 수 있도록 한다.

(2)-2 Tunnel+A-frame

① 강아지가 명령어를 확실하게 인지하여 장애물을 찾아들어갈 수 있도록, 핸들러가 명확한 명령어와 함께 손과 발의 방향으로 확실하게 구분시켜 줄 수 있도록 한다.

② 코스 상에서는 확실하게 손과 발의 방향으로 제시해줄 수 없는 경우가 발생할 수 있으므로, 각 장애물에 맞는 명령어를 확실하게 인지할 때까지 사전에 반복하여 숙달하는 것이 가장 좋다.

③ 이것은 기초 교육에서 물품 구별을 교육하였던 강아지라면 조금은 수월하게 진행할 수 있다.

tip 핸들러의 발끝과 손끝이 진행 방향이다. 이후에는 명령만으로 구분할 수 있도록 한다.

Turn

(1) Flick

Flick은 핸들러가 진행하는 장애물과 같은 방향에서 장애물과 핸들러와의 사이를 통과하여 장애물을 역방향으로 넘는 테크닉을 말한다.

① 핸들러가 허들 옆에 서서 강아지를 불러 허들을 넘지 않고 핸들러의 손으로 와 보상받을 수 있도록 한다. 이것은 허들이 앞에 있어도 핸들러가 강아지를 불러들이는 손의 사인으로 Flick에 있어서 중요한 교육 중 하나이다. 차후 Lap turn에서도 마찬가지 의미가 있다.

② 허들을 넘지 않고 핸들러의 손에 집중하게 된다면 강아지가 허들의 거부 라인을 넘어설 때 리드하는 핸들러의 손과 발로 강아지를 허들 안쪽으로 밀어 주듯이 손목의 스냅을 이용하여 턴을 시켜 준다.

③ ②를 반복하여 숙달한다.

④ 책 초반에 Foundation training에서 제자리 회전 연습, 루어링 연습을 많이 한 강아지가 이해하는 것이 빠를 것이다.

⑤ Flick은 핸들러가 미리 움직이지 못하는 상황 혹은 전 장애물 진행 방향에서 Cross 하지 못한 경우에 사용이 용이하다.

> **tip** 허들 바로 옆에서부터 연습하여 점차적으로 핸들러는 허들과 멀어지며 연습한다.

(2) Lap turn

 Lap turn은 핸들러가 달려오는 강아지와 마주 보고 허들을 넘지 않은 상태로 핸들러와 허들의 사이 공간을 확보하여 손목 스냅으로 강아지를 180도 회전하여 통과하는 테크닉이다. Lap turn은 회전에 있어 180도 이하의 경우 Lap turn, 360도 이하의 경우 Double lap turn으로 불린다.

① 강아지를 허들 안쪽으로 가슴 방향을 이용하여 리드한다.
② 핸들러가 허들 앞에 서서 강아지를 불러 허들을 넘지 않고 핸들러의 손으로 와 보상받을 수 있도록 한다. 이것은 허들이 앞에 있어도 핸들러가 강아지를 불러들이는 손의 사인으로 Lap turn에 있어서 중요한 교육 중 하나이다.
③ 허들을 넘지 않고 핸들러의 손에 집중하게 된다면 강아지가 허들의 거부 라인을 넘어설 때 리드하는 핸들러의 손과 발로 강아지를 허들 윙을 말아 쥐듯이 손목의 스냅을 이용하여 Turn을 시켜 준다.
③ ②를 반복하여 숙달한다.
④ 책 초반에 Foundation training에서 제자리 회전 연습, 루어링 연습을 많이 한 강아지가 이해하는 것이 빠를 것이다.

tip 강아지를 불러들일 때 핸들러가 리드하는 손을 흔들어 주면 강아지는 손의 스냅을 조금 더 집중할 수 있다.

(3) Tandem turn

Tandem turn은 강아지를 리드하는 손을 순간적으로 바꿔 핸들러의 가슴 방향은 강아지와 대면하게 되며 강아지가 가슴 앞쪽에서 회전하는 테크닉을 말한다.

주로 위브 폴이 끝나는 시점에서 옆에 위치한 터널을 통과할 때 많이 사용하며 도그 워크+터널, A프레임+터널의 조합에서도 많이 사용한다. Tandem turn의 장점은 핸들러의 움직임을 최소화하여 다음 장애물로 빠르게 이동할 수 있다.

핸들러의 손과 발이 크로스될 때 스무스한 U자 모양을 그리는 듯하게 루어링하는 모션을 취해 주는 것이 포인트이다.

> tip 핸들러는 리드하는 손과 루어링 하는 손을 부드럽게 연결시켜 U자를 그리듯 리드한다.

4) Back lap

Back lap은 Lap turn과 유사한데 Front back 이후에 German turn의 형태로 핸들러가 허들 앞으로 나가는 것이 아닌, Front back 이후 리드하는 손을 바꿔 손목 스냅을 이용하여 회전을 시키는 테크닉이다.

Back lap은 German turn보다 회전력이 강하게 작용하는 Turn으로 가장 타이트한 Turn이다.

① 허들 윙을 강아지가 통과할 수 있을 정도의 너비로 배치하여 진행한다. Back turn을 하고 돌아 나와 보상을 얻을 수 있도록 한다. 다음 단계에서의 루어링에 제한이 되기 때문이다.

② Back turn을 하고 돌아 나와 보상을 하고, 곧바로 이어서 루어링으로 반대쪽 윙으로 돌아 나올 수 있도록 한다.

③ ②을 반복 숙달하며 점차 루어링을 줄여 손동작만으로 강아지가 반대쪽 윙을 돌아 나올 수 있도록 한다.

④ 허들 바를 올리고 반복 숙달한다.

tip 핸들러는 리드하는 손과 루어링 하는 손을 부드럽게 연결시켜 U자를 그리듯 리드한다.

10

JP/AG 3 Level

01 Turn

10
JP/AG 3 Level

 1 Turn

(1) Japanese turn

 Japanese turn은 Back push+Blind cross의 조합으로 전 장애물에서 핸들러의 가슴 방향으로 강아지를 리드해 오다가 허들 앞에서 Blind cross를 하여 허들을 통과한다. 통과 이후 진행 방향이 핸들러가 강아지보다 앞서 움직여야 할 때 사용한다.

 Japanese turn의 장점은 핸들러가 강아지를 리드함에 있어 멈춤이 없고 빠르게 Cross하여 강아지의 속도보다 앞서 움직일 수 있다. 그에 반해 단점으로는 핸들러의 민첩함을 요구하고 순간적으로 강아지를 볼 수 없어 실수할 확률이 높다. 또한 강아지가 넘고자 하는 장애물의 거부 라인을 지나는 시점에서 Cross가 시작되기에 타이밍을 놓칠 확률이 있으며 Cross 이후 확실하게 가슴 방향을 강아지에게 보여주어야 정확하게 통과할 수 있다.

① 강아지를 전 장애물에서부터 가슴 방향을 넘고자 하는 허들의 반대 방향으로 유지해 리드한다.
② 강아지를 리드해 오다가 허들의 거부 라인을 넘는 시점에 Blind cross한다.

③ 타이밍이 조금만 어긋나도 잘못된 방향으로 허들을 넘을 수 있기에 강아지를 확실히 불러들이고 확실히 가슴 방향을 틀어 리드할 수 있도록 주의한다.

tip 강아지가 허들의 거부 라인을 넘는 순간부터 핸들러는 가슴 방향에 변화를 주어야 한다.

(2) Forced front turn

Forced front turn은 Back push+Front cross의 조합으로 전 장애물에서 핸들러의 가슴 방향으로 강아지를 리드해 오다가 허들 앞에서 Front cross를 하여 허들을 통과한다. 통과 이후 진행 방향이 강아지의 허들 통과 방향과 역방향일 때 주로 사용한다.

Forced front turn의 장점은 핸들러가 강아지를 리드함에 항상 강아지를 마주 보며 핸들링할 수 있어 정확도가 높으며 그에 반해 단점으로는 핸들러의 민첩함을 요구하고 강아지와 겹치는 부분에서 강아지보다 늦게 움직일 수 있다. 또한 강아지가 넘고자 하는 장애물의 거부 라인을 지나는 시점에서 Cross가 되기에 타이밍을 놓칠 확률이 있으며 Cross 이후 확실하게 가슴 방향을 강아지에게 보여주어야 정확하게 통과할 수 있다.

① 강아지를 전 장애물에서부터 가슴 방향을 넘고자 하는 허들의 반대 방향으로 유지해 리드한다.
② 강아지가 거부 라인을 넘는 순간까지 가슴 방향을 유지하고 거부 라인을 넘어서는 순간부터 강아지를 마주 보고 Front cross를 하여 허들을 통과한다.
③ 타이밍을 정확히 잡을 수 있도록 핸들러의 숙달이 필요하다.

tip 강아지가 허들의 거부 라인을 넘는 순간부터 핸들러는 가슴 방향에 변화를 주어야 한다.

3) Whisky turn

Whisky turn은 Rear cross와 같은 형태로 강아지가 핸들러보다 앞서 움직인 후 교차되는 Cross 이다. 다만 Rear cross와 다른 점은 Rear cross는 허들 전방에서 사용하는 핸들링인 반면 Whisky turn은 허들의 양 측면에서 진입하는 강아지에게 사용하는 테크닉이다.

사용 시기는 Rear cross와 마찬가지로 핸들러가 강아지를 따라가지 못하는 상황에서 사용하는 테크닉으로 다소 정확도가 떨어질 수 있으므로 신중하게 교육한다.

① 강아지를 Back turn으로 핸들링 하여 반대쪽 윙 쪽에서 보상을 얻을 수 있도록 한다.

② 보상물의 위치를 점차적으로 윙의 반대쪽으로 위치하여 Back turn 이후에 스스로가 보상물을 찾아 윙을 감싸 진출할 수 있도록 한다.

③ 핸들러는 점차 거부 라인을 넘도록 위치하고, Back turn 이후 강아지가 허들을 넘는 시점부터 리드하는 손을 바꿔준다.

④ ③반복하여 숙달하고, 보상물을 없애고 반복하여 연습할 수 있도록 한다.

tip Rear cross 하기 전에 핸들러는 강아지에게 '먼저 가 난 저리로 갈게'와 같은 핸들링 모션이 있어야 한다.

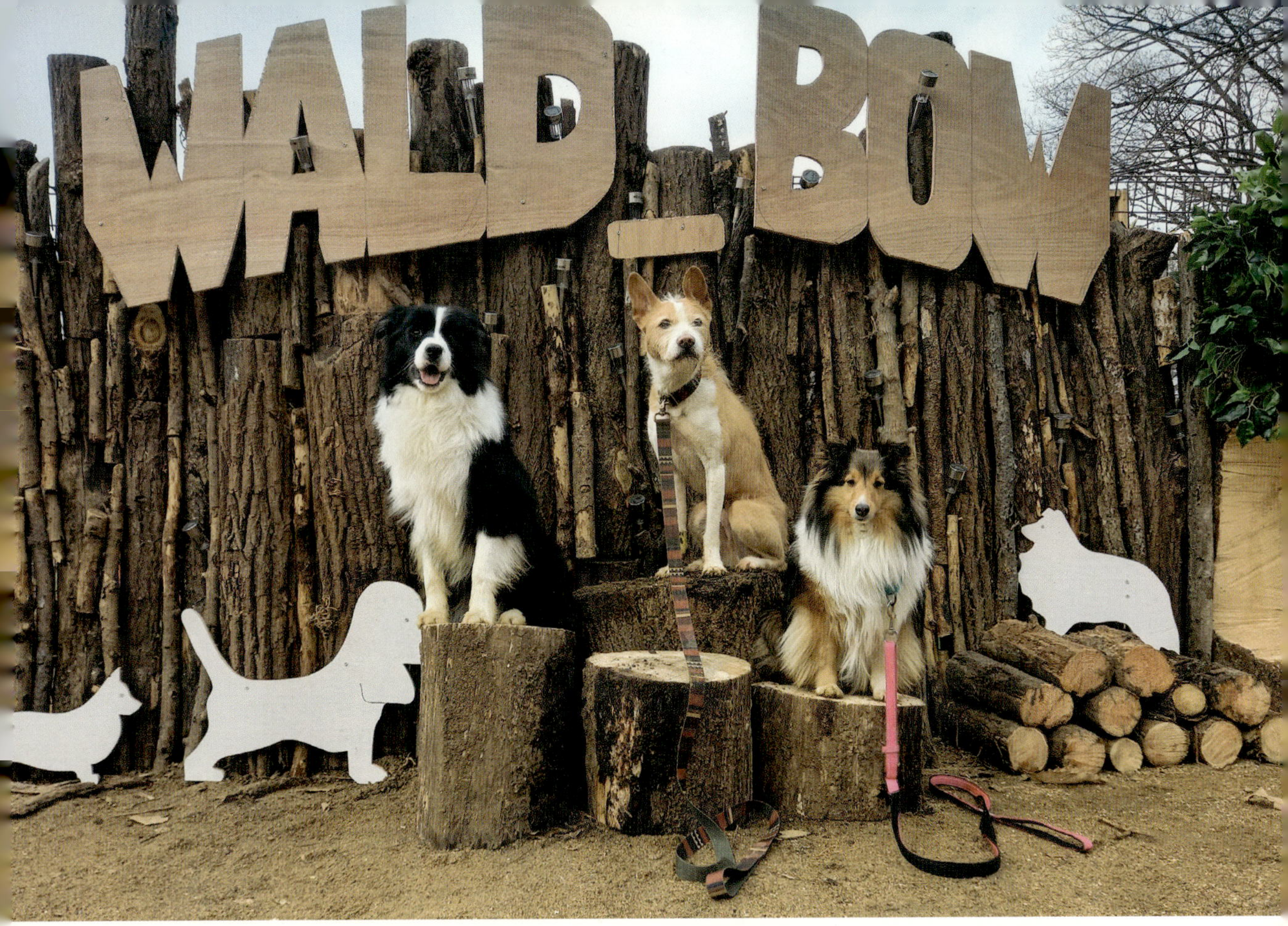
WALD_BOW

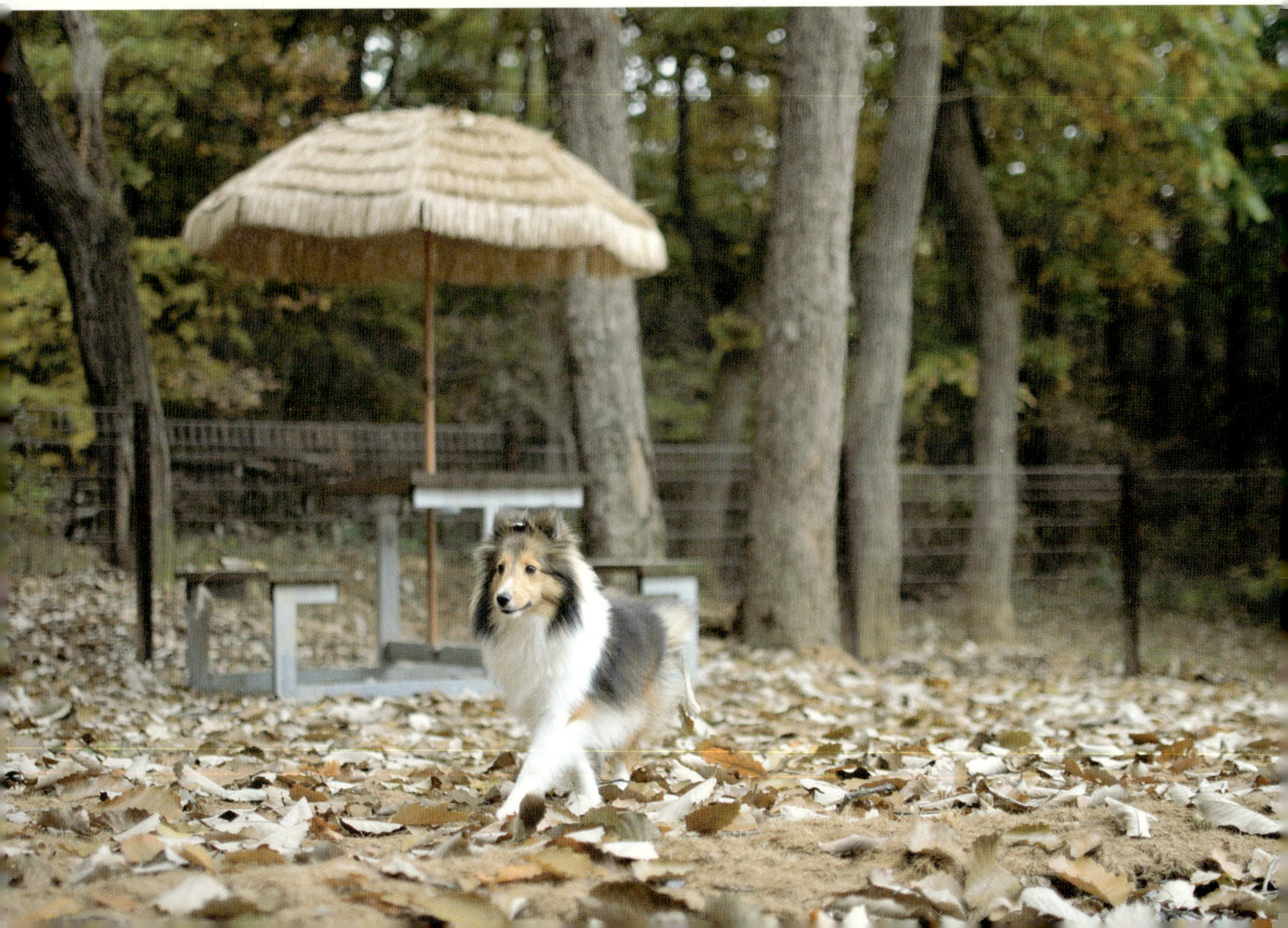

11

시퀀스 연습

01 Front cross, Blind cross, Rear cross, Back lap, Whisky turn

02 K-turn, German turn, Back lap

03 Forced front turn, Japanese turn

04 Flick, Lap turn, Back push

11
시퀀스 연습

 1 Front cross, Blind cross, Rear cross, Back lap, Whisky turn

Front cross

Blind cross

2 K-turn, German turn, Back lap

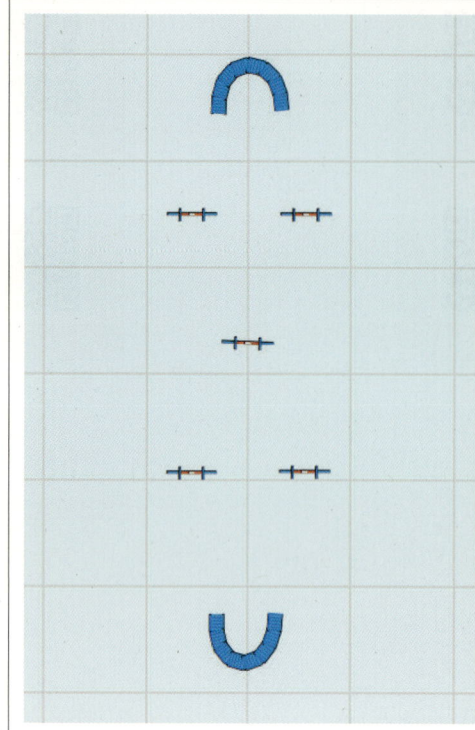

K-turn	German turn	Back lap

3 Forced front turn, Japanese turn

Forced front turn

Japanese turn

4. Flick, Lap turn, Back push

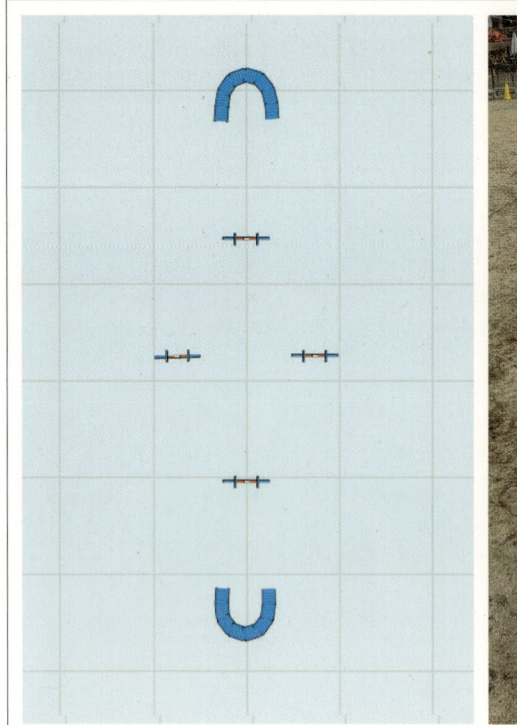

| Flick | Lap turn | Back push |

12

Master(Course 분석)

01 Course check
02 Beginner
03 Novice
04 Jumping
05 Agility

12

Master(Course 분석)

 1 Course check

필자가 생각하는 코스 체크 시 중요한 포인트는 바로 강아지가 달리기에 편안한 라인이다.

강아지가 달리기에 편한 라인이라는 것은 급하게 꺾이는 구간 없이 부드러운 곡선을 물 흐르듯이 달릴 수 있는 라인이다.

핸들러는 짧은 시간 동안 코스를 암기해야만 한다. 그러다 보니 본인이 자신 있는 핸들링에 강아지를 끼워 맞추는 경우가 종종 있다. 유능한 핸들러라면 강아지가 최대한의 추진력으로 멈춤 없이 달릴 수 있게 하여야 한다.

필자는 코스 체크 시 최우선으로

1. 부드러운 곡선을 찾는다. 부드러운 곡선은 강아지의 움직임을 유연하게 만든다.
2. 강아지의 라인을 찾았다면 핸들러가 움직일 수 있는 인코스를 찾는다. 인코스에 핸들러가 위치할 수 있다면 여유로운 핸들링을 할 수 있다.
3. 인코스를 찾아가기 위한 다양한 테크닉을 생각한다.
4. 허들의 각도를 확인하고 회전 시 핸들러가 강아지보다 먼저 움직일 수 있는 테크닉을 추려낸다.
5. 꼭!!! 강아지와 함께 뛴다는 생각으로 코스 라운딩을 한다.
6. 라운딩 중 핸들링하는 몸이 어딘가 모르게 버겁다는 생각이 든다면 그 부분은 코스 체크가 잘못되었을 확률이 높음으로 차선책을 생각해 둔다.

예를 들어

Beginner course에서 1번 허들의 왼쪽 윙으로 회전 시켜 출발하게 된다면 2번 허들을 대각선으로 뛰어넘고 3번으로 가는 회전력이 크게 될 것이다. 1번 허들의 오른쪽 윙으로 회전 시켜 출발하게 된다면 2번 허들을 직선으로 뛰어넘어 회전 반경이 작아질 것이다.

Novice course에서 3번 허들을 넘을 때 Front cross를 시도한다면 5번 터널의 출구와 가까워 유혹되어 실격할 수 있다. 3번 허들을 핸들러가 미리 움직여 K-turn을 시도한다면 강아지는 3번 허들을 넘는 순간 회전하고자 할 것이다.

Jumping course에서 1~3번 허들을 핸들러가 좌측에서 2~3번 허들을 Front back으로만 넘긴다면 핸들러는 타이밍을 잃어 3번 허들 이후 Blind cross가 이루어지기 어렵다. Blind cross를 성공했더라도 6번 허들까지 빠르게 가기 어려울 수 있다. 만약 핸들러가 Blind cross를 실패했다면 Rear cross로 터널을 통과하게 되며 핸들러가 6번에 도달하기는 쉽지 않다.

핸들러는 1~3번 허들의 우측에서 2번을 Back push 이후 Japanese turn, 혹은 Hand in Hand out 하여 빠르게 움직일 수 있는 테크닉을 선택하는 것이 좋다.

Agility course에서 2번 허들을 오른쪽 윙으로 회전시킨다면 도그 워크로 올라갈 확률이 매우 높다. 이것을 우려해서 핸들러가 3번 터널로 유도하여 통과시킨다면 핸들러는 4번 롱 점프 사이를 파고들어 Blind cross 하지 못하고 롱점프의 오른쪽 아웃라인으로 돌아가게 A프레임에 도달하지 못할 확률이 높다.

그러므로 핸들러는 부드러운 강아지 라인에 기반하여 여러 가지 경우의 수를 가지고 코스 체크를 하여야 한다.

2 Beginner

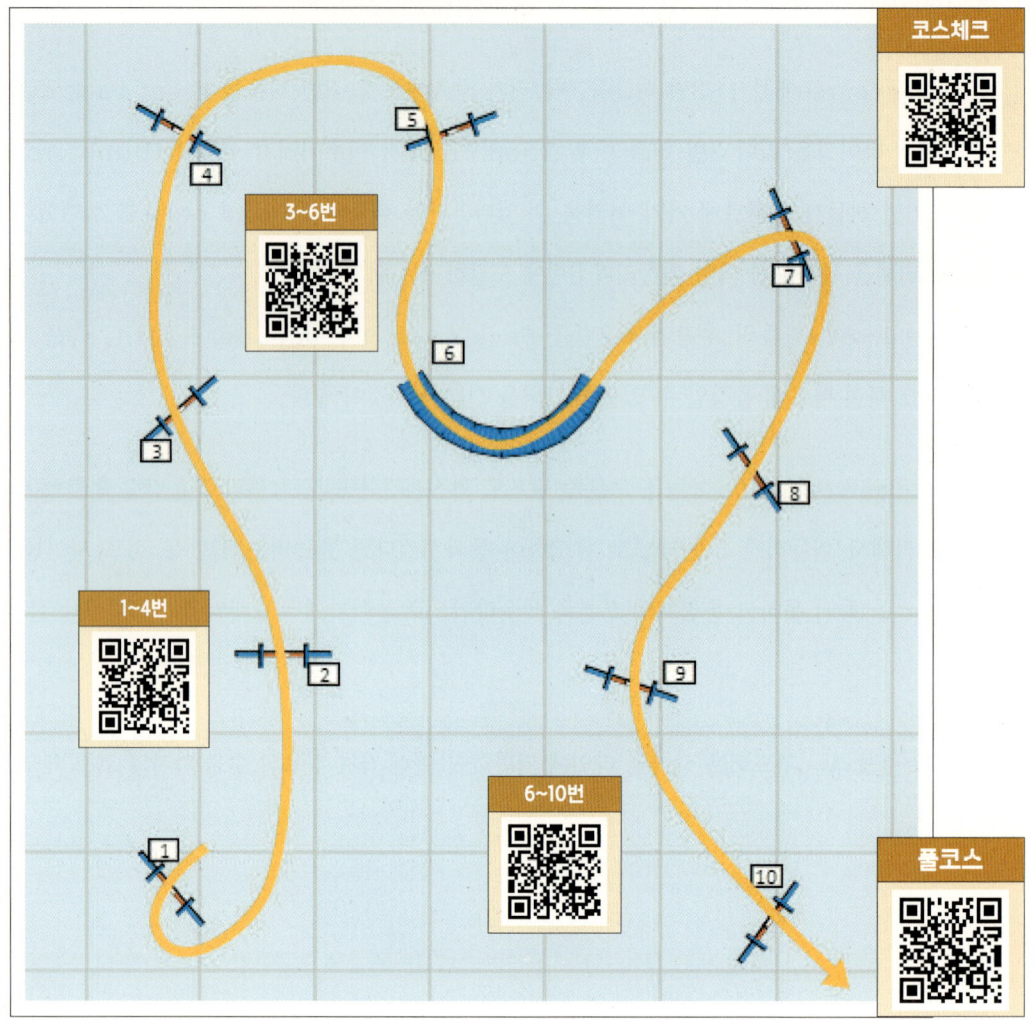

Course 설명

① 1~4번의 경우 S자 형태의 코스로 핸들러가 인사이드를 섭렵하여야 한다.
② 4~6번의 경우 Cross되는 각이 120도 이하로 핸들러는 Front cross하여야 한다.
③ 7~10번의 경우 7번을 넘고 Front cross 하여도 좋은 선택이나 10번까지 빠르게 움직이기 어렵다.
④ 7번을 Front turn으로 넘긴 후 핸들러는 8번과 9번 사이를 파고들어 Blind cross하여 인코스를 섭렵하는 것이 끝까지 빠르게 이동할 수 있는 핸들링이다.

3 Novice

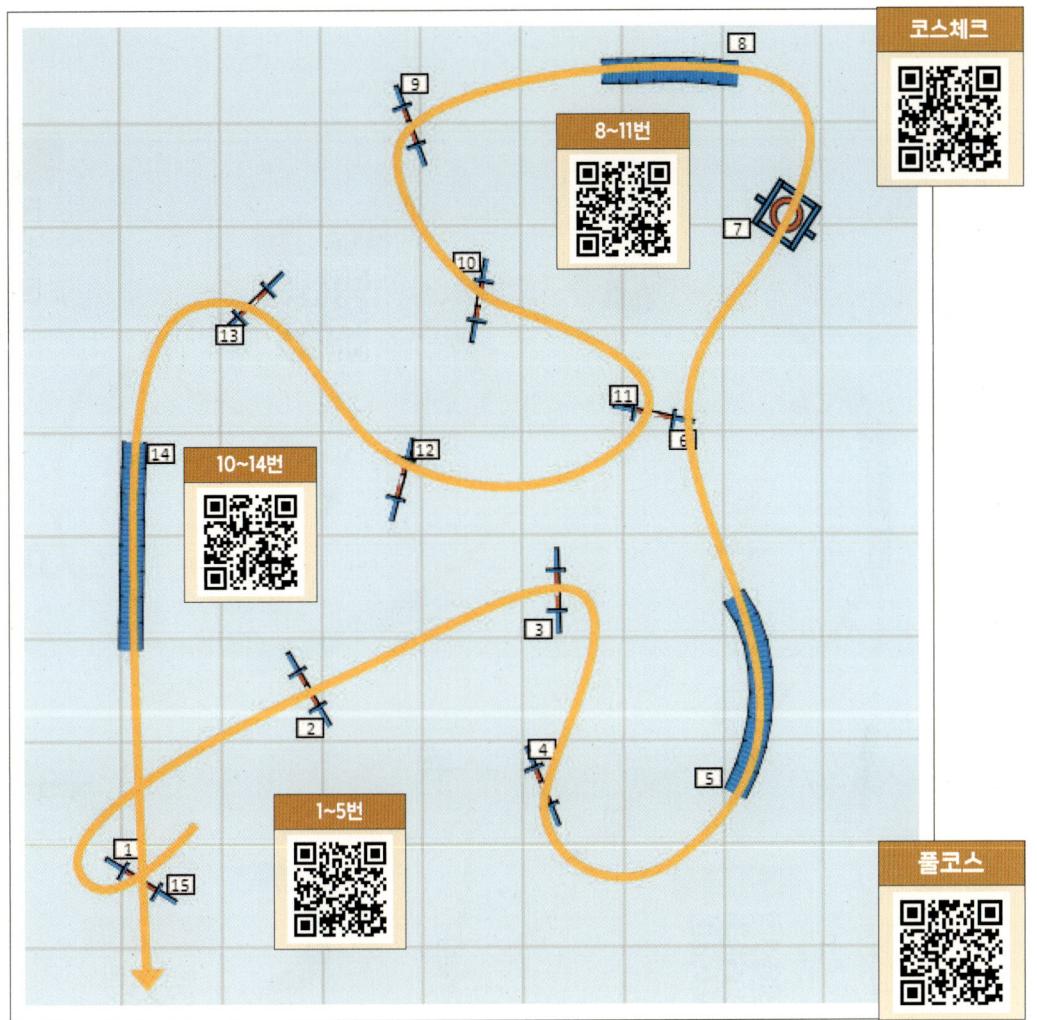

Course 설명

① 1~5번의 경우, 핸들러가 강아지보다 빠르게 3번 허들로 도달하여 미리 K-turn 자세를 취하고 있어야 타이트한 회전이 가능해지며, 만약 3번에서 Front cross를 사용하게 되면 강아지가 밀려서 터널로 들어갈 위험이 있다.

② 8~11번의 경우 터널에서 나온 강아지를 밀어 주듯이 9번 허들로 보내고 핸들러는 10번과 11번 사이를 파고들어 빠르게 Blind cross 하여야 한다. 11번 허들에 도달하여 K-turn을 시행해야 12번으로 진행하는 데 있어 타이트한 회전이 가능하다.

③ 10~14번의 경우 11번에서 K-turn을 시행하여 리드하는 손을 바꾸어 13번 허들을 Rear cross 하여 진행한다. 11번에서 K-turn을 시행했기 때문에 핸들러가 12번 허들을 넘어서 cross를 진행하는 데 있어 핸들러가 미리 도달하기가 어렵기 때문에 Rear cross를 사용한다.

4 Jumping

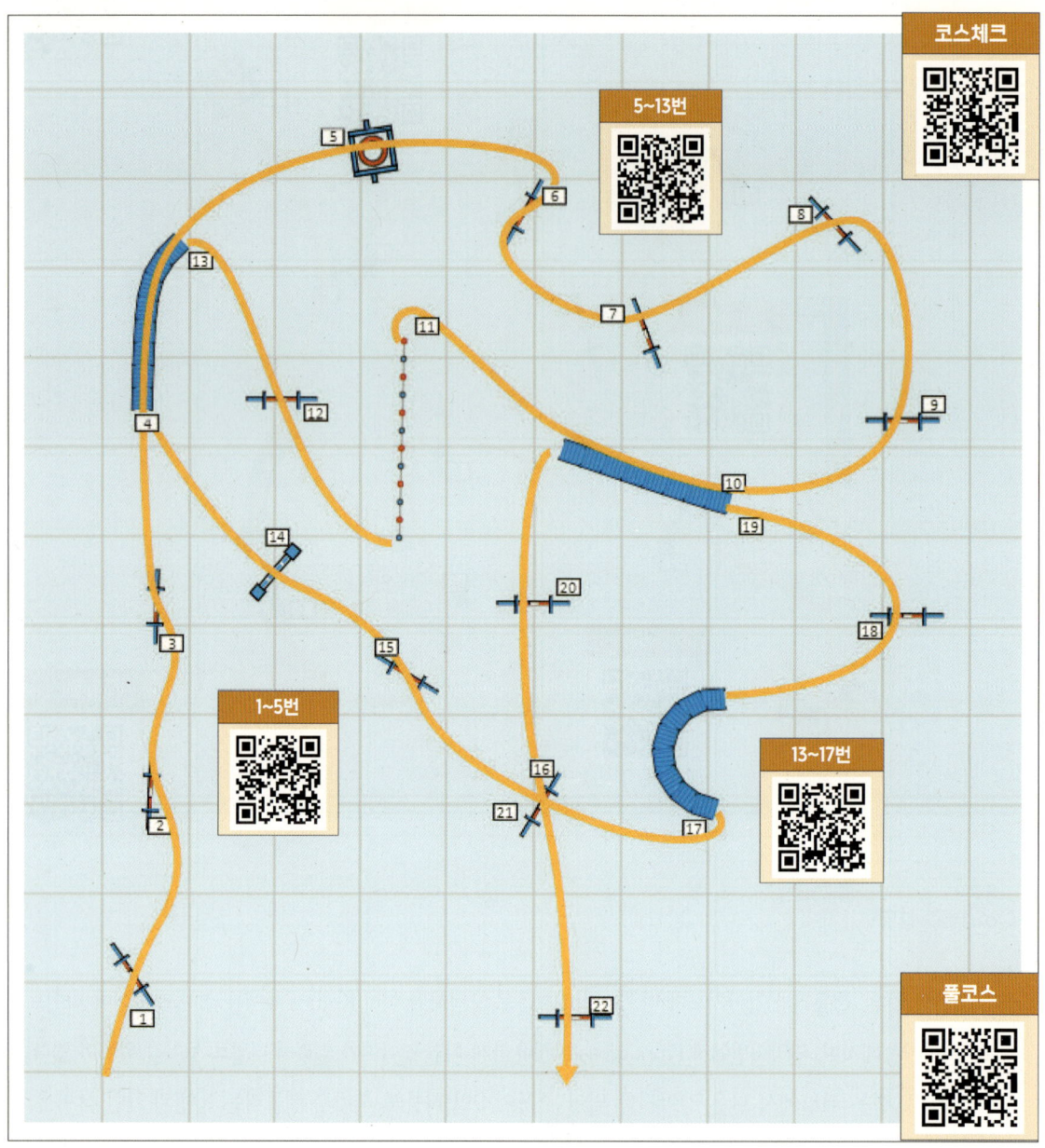

Course 설명

① 1~4번의 경우 2번 허들을 Back push로 넘기고 3번 허들에서 Japanese turn을 사용하며 인코스를 섭렵한다. 2번을 German turn을 사용하게 되면 직진성을 가지고 진행해야 하는 코스 상에서 강아지와 마찰의 위험이 생길 수 있다. 혹은 Hand in 작업이 잘 이루어진 강아지라면 Hand in이 베스트의 핸들링이다.

② 5~10번의 경우 6번 허들을 German turn으로 보내고 7번과 8번의 각도를 봤을 때 핸들러가 빠르다면 7번 통과 이후 Blind cross 하여 8번 허들을 K-turn 해 주는 것이 타이트한 회전을 만들 수 있다. 다만 핸들러가 늦다면 쉽사리 파고들기 어려우므로 8번 허들을 Rear cross로 통과시키는 것이 보편적 핸들링이다. 10번이 일자 터널이기 때문에 핸들러가 9번 허들을 원거리 Front turn을 사용, In course 섭렵하고 10번 터널의 출구 쪽으로 이동한다.

③ 10~13번의 경우 11번 위브 폴을 Rear cross로 진입시키고 핸들러는 12번 허들까지 위치 변경한다.

④ 13~17번의 경우 14번 벽을 넘고 15번 허들을 Hand in으로 끌어당겼다가 밀어 주어 16번을 통과시킨다. 15번 허들을 통과할 때 거꾸로 넘어 실격할 확률이 높은 구간으로 평소 Hand in 연습이 잘 이뤄지지 않은 강아지라면 가슴 방향을 사용하는 Japanese turn 또한 좋은 핸들링이다.

5 Agility

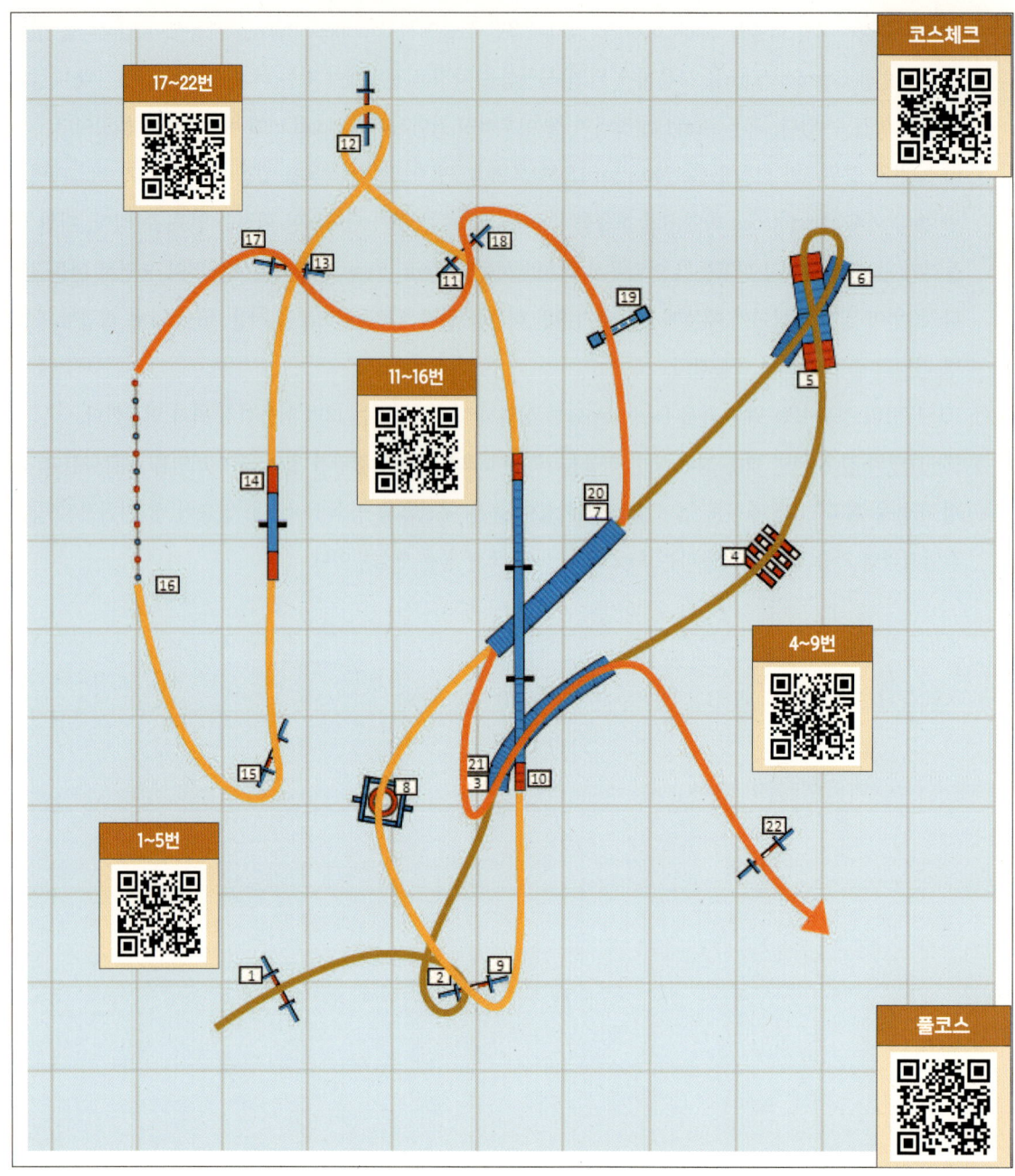

Course 설명

① 1~7번의 경우 2번 허들의 왼쪽 윙에서 K-turn을 하고 터널을 통과시키는 것이 핸들러가 빠르게 움직이기에 유리하다. 만약 핸들러가 오른쪽 윙으로 회전을 한다면 강아지가 회전 이후 터널로 다시 한 번 라운딩하며 통과하여야 하고 자칫 잘못하면 도그 워크로 갈 확률이 높아진다. 2번 허들 이후 직진성을 띄고 있는 코스이기 때문에 터널 이후 Blind cross하여 롱 점프와 A프레임을 통과한다. A프레임이 끝날 때 핸들러는 Tandem turn을 사용하여 6번 터널을 통과하는 것이 효과적이다.

② 8~16번 경우, 7번 터널 이후 도그 워크 건너에 있는 타이어를 원격으로 통과시킬 수 있어야 한다. 원격 교육이 잘 되지 않은 강아지라면 핸들러는 6번 터널 이후 도그 워크의 좌측으로 이동하여야 한다. 12번의 허들 같은 경우는 핸들러의 속도에 따라 핸들링이 조금 차이가 있는데 핸들러가 빠른 경우 11번 허들 이후 핸들러가 Blind cross를 하고 12번 허들을 K-turn으로 보내는 핸들링이 빠르고 안정적이다. 핸들러가 느린 경우 Flick을 사용하는 게 좋다. 15번 허들에서 Whisky turn을 사용하는 게 좋지만 만약 핸들러가 12번 허들 이후 여유롭다면 13번 허들과 시소 사이에서 Blind cross를 하여 인코스에 들어와서 15번에서 K-turn을 사용해도 나쁘진 않다.

③ 17~22번의 경우 18번 허들에서 Back lap을 사용하게 된다면 핸들러가 19번 벽을 넘기고 도그 워크의 왼쪽으로 위치하게 되어 좀 더 안정적인 핸들링이 가능하다. 두 번째는 German turn이다. German turn을 사용하게 된다면 핸들러가 20번 터널의 입구 쪽으로 빠르게 움직일 수 있다. 하지만 18번을 German turn으로 넘을 때 19번과의 각도가 예민하여 핸들러에게 부담을 줄 수 있다. 또한 Back push도 가능하지만 필자는 Back lap을 추천한다.

13

Course 설계 및, 장애물 규정

01　Course 설계
02　장애물 규격

13
Course 설계 및 장애물 규정

 1 Course 설계

- 두 연속 장애물 사이의 거리는 5~6m로 한다.
- 거리 측정 시에는 장애물의 가운데 지점으로(위브 폴 및 터널은 장애물의 출입 지점) 측정한다.
- 핸들러는 어느 쪽이든 각 장애물을 통과할 수 있어야 한다.
- A프레임 또는 도그 워크 아래에 있는 터널을 제외한 장애물은 반드시 최소 1m 간격을 두어야 한다.
- 위브 폴, 타이어, 벽 및 자루 터널은 코스에서 단 한 번만 통과한다.
- 레벨에 따라 최소 15개에서 최대 22개 이상의 장애물을 설치하지 않는다.
- 코스의 실제 거리는 최소 100m에서 최대 220m 사이어야 한다.
- 자루 터널, 스프레드 허들, 벽, 타이어 및 롱 점프의 진입은 수월하여야 한다.
- 시작 장애물은 허들로 이루어져야 하고 마지막 장애물은 허들이나 스프레드 허들로 이루어져야 한다.
- 장애물 순서를 알리는 번호판은 양쪽으로 통과 가능한 U자 터널(가운데 설치 가능)을 제외한 장애물에 알기 쉽게 분명한 위치에 놓여야 한다.
- 어질리티 코스에는 3가지 다른 Contact 장비가 있어야 하며, 대회장의 상황에 따라 코스 설계는 전적으로 심사 위원의 구상이 우선시된다.

2 장애물 규격

어질리티 장애물은 어떠한 경우든 안전에 주의하여야 한다. 흔들리거나 불안전한 장애물은 경기 중 강아지에게 위험이 될 수 있으므로 규격에 맞는 어질리티 장애물을 사용하여야 한다. Touch line의 색상은 전 슬로프와 대비되는 색상으로 구분되어 있어야 한다(Touch line의 색으로 흰색과 검정은 사용할 수 없다).

(1) Hurdle

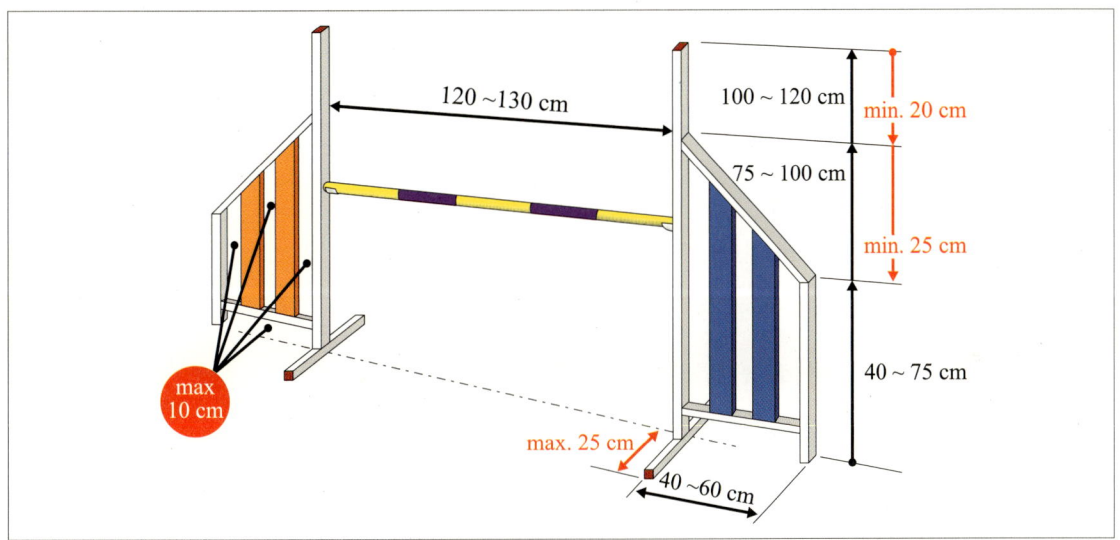

- 허들 바 너비 : 1.2~1.3m
- 허들 바는 강아지가 건드릴 경우 쉽게 떨어질 수 있어야 한다.
- 허들 윙은 서로 연결되거나 고정되어서는 안 된다.
- 허들 윙의 모양이 직사각형이나 삼각형이면 안 된다.

(2) Spread hurdle

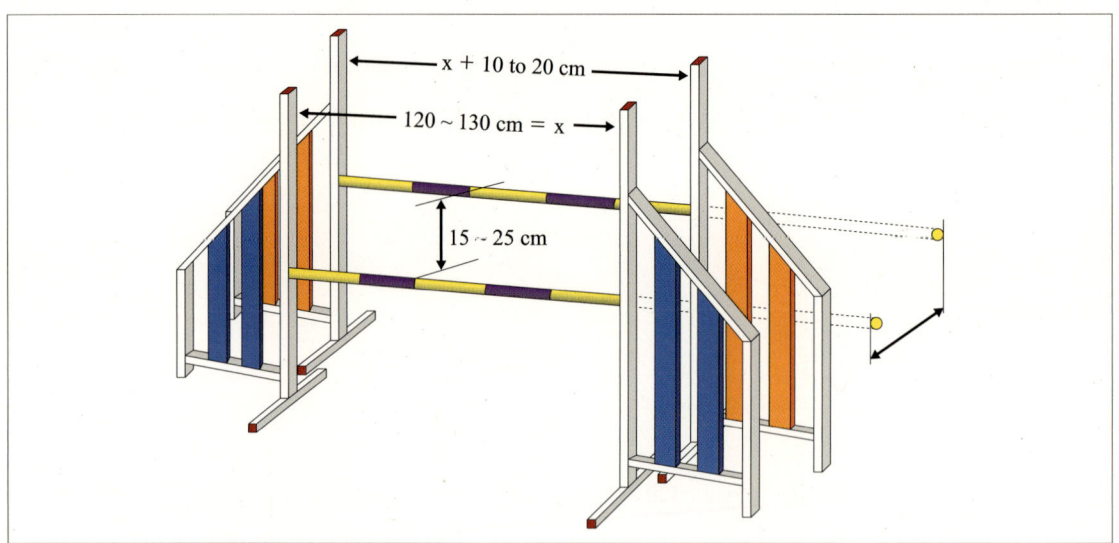

- 싱글 허들의 간격 : L(50cm 이하), M(40cm 이하), S(30cm 이하)
- 두 개의 싱글 허들로 하나의 스프레드 허들을 만든다.
- 허들 바는 15~25cm 높이로 높이를 다르게 하여 오르막으로 놓는다.
- 가장 높은 허들 바는 맨 뒤에 위치한다.
- 뒤쪽 바 길이가 10~20cm 더 길게 한다.

(3) Wall

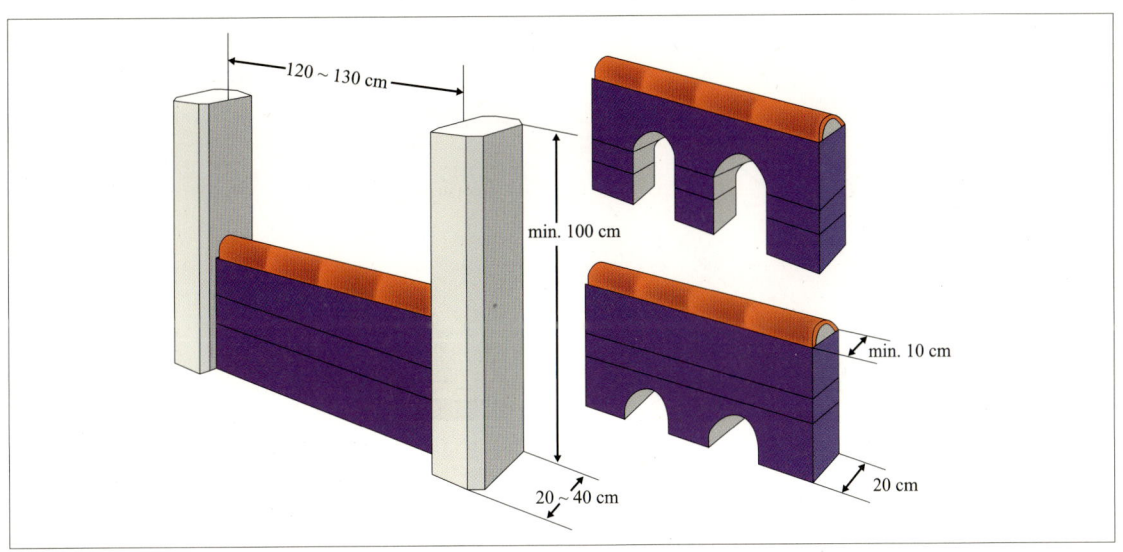

- 최소 너비 : 1.2~1.3m/약 20cm 정도의 두께
- 기둥의 높이 : 100~120cm
- 폭 : 20~40cm
- 둥근 경우: 직경 30~40cm
- 패널에 한 두 개의 개방된 터널을 만들 수 있다.
- 패널의 마지막은 각각의 개별 유닛으로 이루어져야 한다.

(4) Dog walk

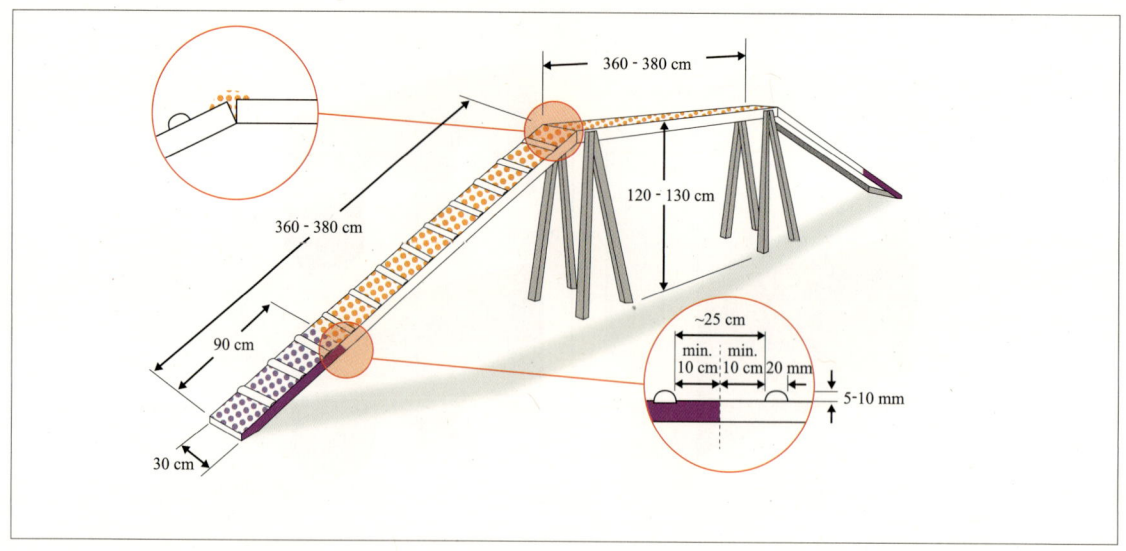

- 높이 : 최소 1.2m, 최대 1.3m
- 슬로프의 길이가 최소 3.6m, 최대 3.8m이고 너비는 30cm이어야 한다.
- 각 경사로는 강아지가 더 쉽게 올라가고 미끄러지는 것을 방지하기 위해 약 25cm의 일정한 간격으로 미끄럼 방지용 발판이 있어야 한다. 그러나 시작 부분 10cm 이내에는 제외한다. 이 발판들은 20mm의 너비에 5~10mm의 두께여야 한다.
- 가장자리가 날카로워서는 안 된다.
- 각 경사로 끝에서부터 90cm 지점에는 접촉 부분을 나타내기 위해 다른 색으로(측면도 포함) 칠해져야 한다.

(5) Seesaw

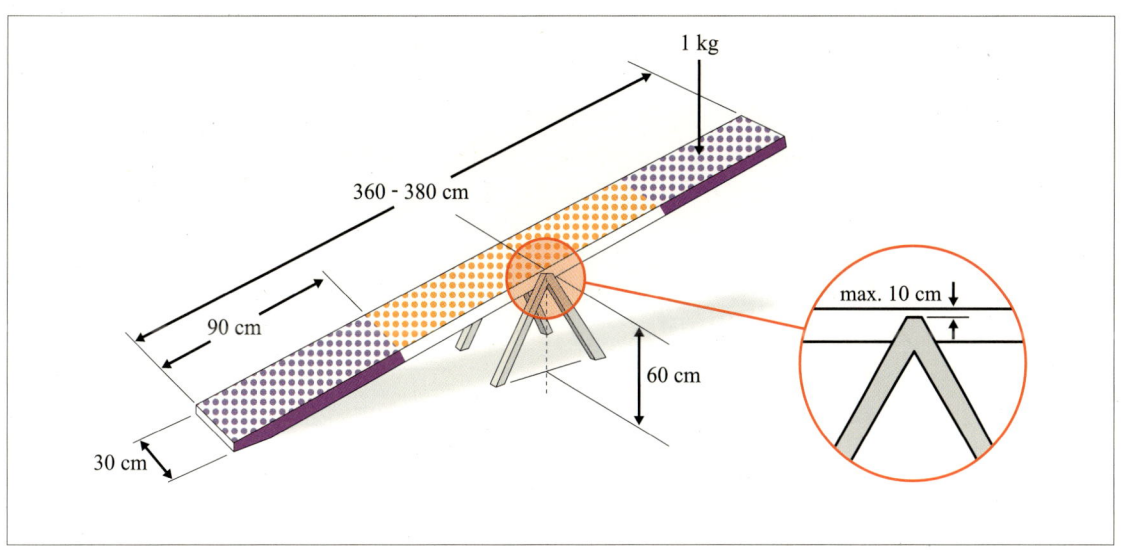

- 슬로프의 길이가 최소 3.6m, 최대 3.8m이고 너비는 30cm이어야 한다.

- 중앙 받침대의 높이는 60cm로 한다. 접촉 부분은 도그 워크와 같다.

- 장애물은 고정되어야 하고 널빤지는 미끄럽지 않아야 한다. 그러나 미끄럼 방지용 발판은 사용하지 않는다.

- 시소는 1킬로그램의 무게가 시소의 내려가는 쪽 Touch line 지점에 놓였을 때 2~3초 안에 바닥에 닿아야 한다. 만약 이렇지 않은 경우에 조정이 돼야 한다.

(6) A-frame

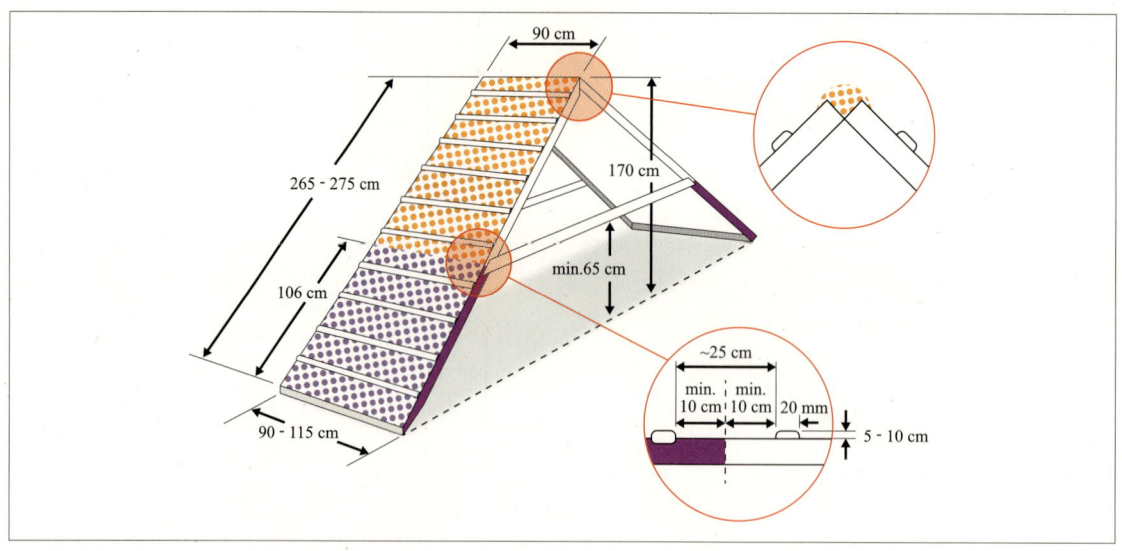

- A자 형태의 두 개 경사로
- 너비 : 최소 90cm, 1.15m까지 넓힐 수 있다.
- 지면으로부터 꼭대기까지 높이는 강아지의 체고에 상관없이 1.7m(101.5도)이고 각 경사로의 길이는 2.65~2.75m이다. 각 경사로는 강아지가 더 쉽게 올라가고 미끄러지는 것을 방지하기 위해 약 25cm의 일정한 간격으로 미끄럼 방지용 발판이 있어야 한다.
- 그러나 시작 부분 10cm 이내에는 제외한다.
- 이 발판들은 20mm의 너비에 5~10mm의 두께여야 한다. 또 가장자리가 날카로워서는 안 된다.
- 각 경사로 끝으로부터 106cm 지점에는 접촉 부분을 나타내기 위해 다른 색으로(측면도 포함) 칠해져야 한다.
- A프레임의 정점에는 강아지에게 위험한 어떤 것도 있어서는 안 된다.
- 필요에 따라 커버를 씌워야 한다.

(7) Weave pole

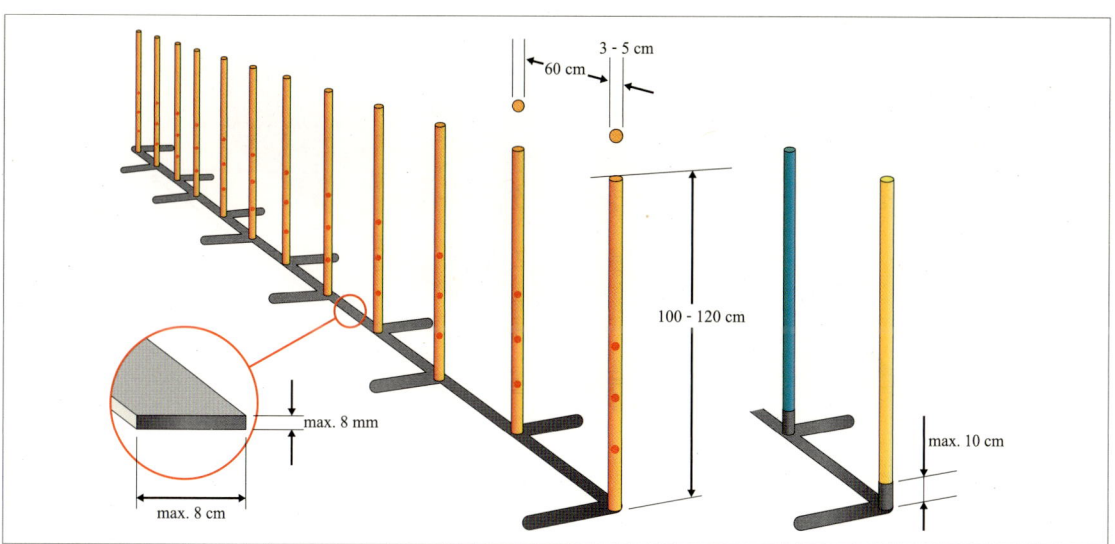

- 기둥은 단단하며 지름은 3~5cm이다.
- 막대의 높이는 100~120cm이며 60cm 떨어져 있다(폴 사이에서 측정).
- 프레임은 총 0.8cm보다 두껍지 않아야 한다(프레임+측면 지지대).
- 프레임의 너비는 8cm보다 넓지 않아야 한다.
- 측면 지지대는 강아지가 방해되어서는 안 된다.
- 폴을 고정하는 것은 높이 10cm 이하로 하며 프레임에 견고히 고정되어 있어야 한다.

(8) Tunnel

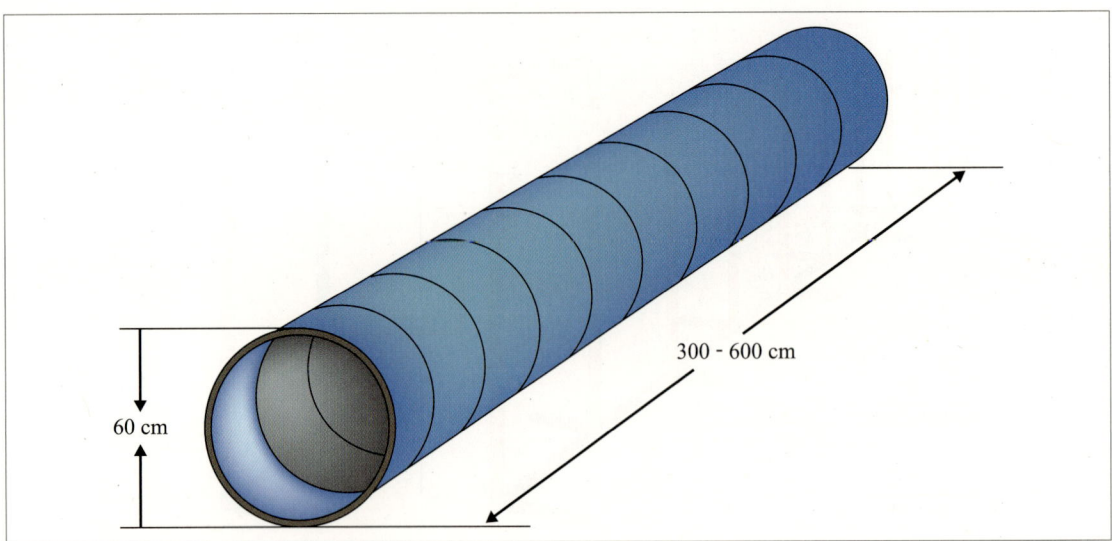

- 지름 60cm, 길이 300~600cm
- 터널은 유연해야 한다. 터널은 항상 전체 길이까지 펼쳐서 설치한다.
- 터널을 고정할 때 스토퍼는 위험하지 않아야 하며 터널의 윤곽과 모양이 흐트러지지 않도록 곧게 고정되어야 한다.

(9) 자루 Tunnel

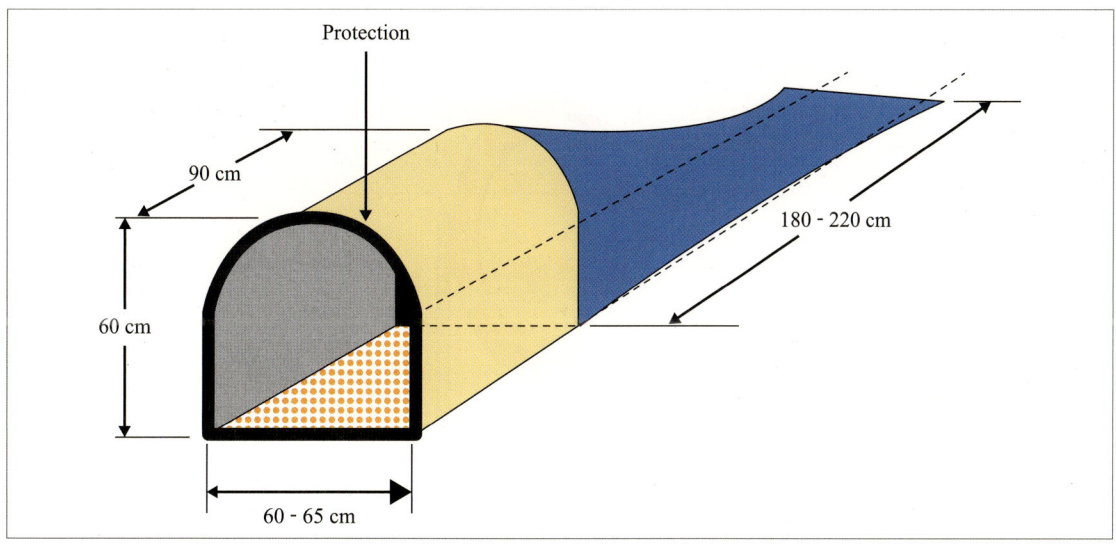

- 90cm 깊이의 강성 또는 반 강성 구조의 입구가 있어야 한다.
- 입구는 높이 60cm, 폭 60~65cm이며 바닥은 미끄럽지 않아야 한다.
- 터널 입구는 움직이지 않도록 고정되어야 한다. 입구의 테두리는 보호물로 덮여 있어야 한다.
- 출구는 유연한 재료로 만들어졌으며 길이는 180~220cm이다.

(10) Tire

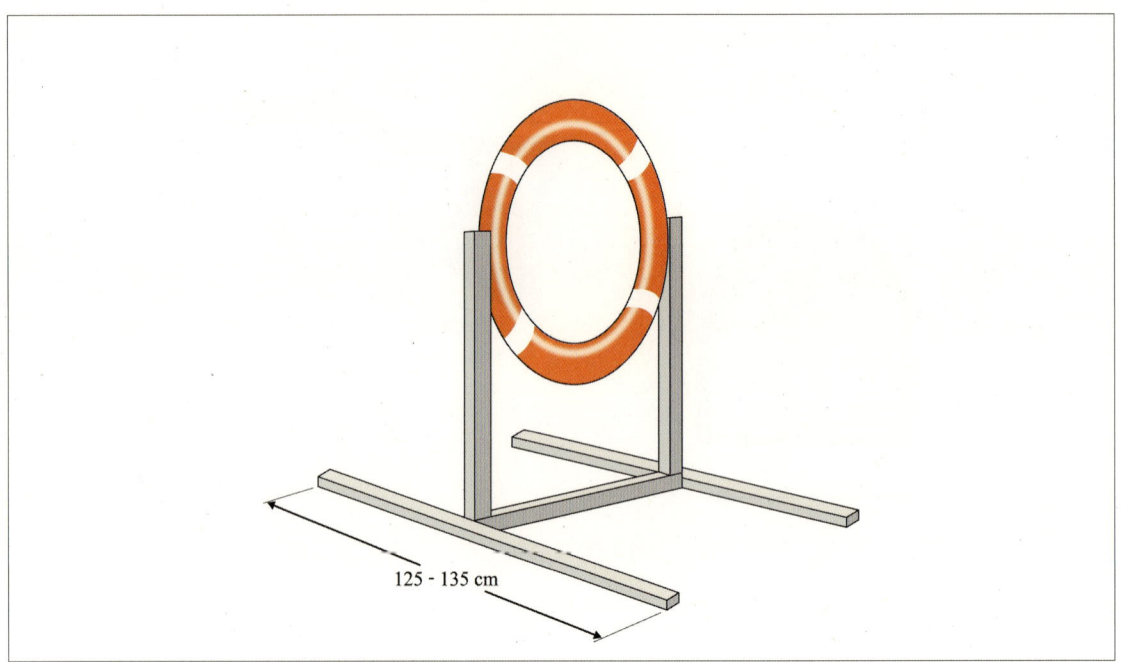

- 튜브 내경 : 45~ 60cm
- 튜브 테두리 폭 : 최소 8cm, 최대 18cm
- 타이어는 2개의 직립으로 된 프레임에 고정된다.
- 장애물이 너무 쉽게 넘어지지 않도록 해야 한다.
- 타이어 위쪽으로 프레임이 튀어나와서는 안 된다.
- 충격이 가해지면 분리되는 분리형 타이어를 사용한다.
- 분리형 타이어는 2~4개의 부품으로 그 위에 8kg의 무게가 가해졌을 때 분리될 수 있어야 한다.

(11) Frame Tire

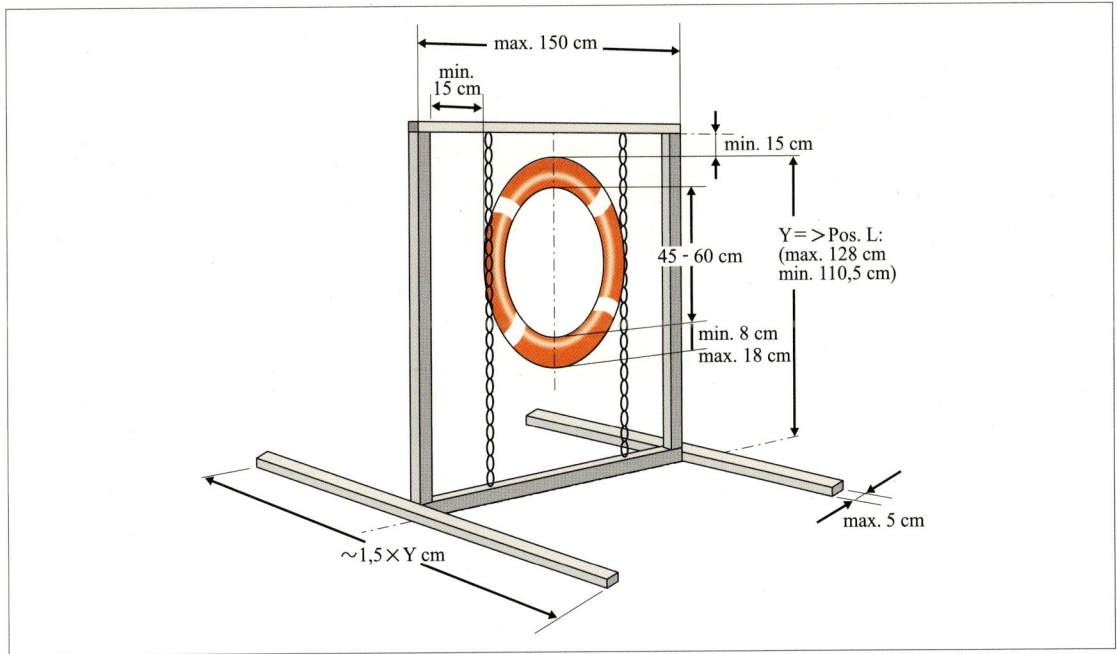

- 구멍 직경 : 45~60cm

- 타이어는 높이가 조절 가능해야 하고(체인 또는 밧줄), 움직이지 않도록 고정해서는 안 된다.

- Large 등급 견의 경우 타이어 프레임의 길이는 높이의 약 1.5배이어야 한다.

- 안전상의 이유로 가벼운 재질로 타이어 프레임을 제작해서는 안 된다.

- 튜브는 2~4개의 부품으로 그 위에 8kg의 무게가 가해졌을 때 분리될 수 있어야 한다.

- 프레임 너비는 150cm를 초과해서는 안 된다. 프레임과 튜브의 바깥 쪽 테두리는 적어도 15cm가 되어야 한다.

(12) Long jump

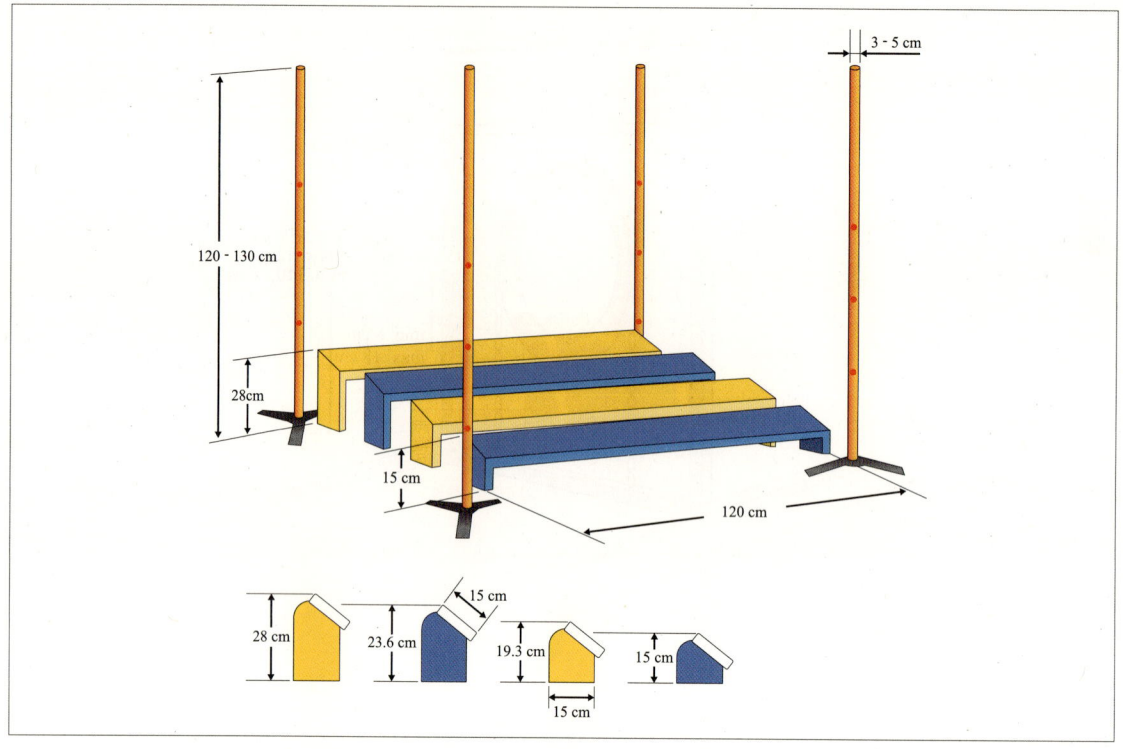

- 2~4개의 유닛으로 구성되어 있다. 일반적 길이는 그림과 같다.
- 롱 점프 너비 : 앞면이 120cm, 뒤쪽이 150cm 유닛은 오름차순으로 배치된다.
- 가장 낮은 유닛의 높이 15cm, 가장 높은 유닛의 높이 28cm, 유닛 간의 간격 최소 15cm
- 가이드는 높이 120~130cm, 지름 3~5cm. 유닛의 네 모퉁이에 위치해야 한다.
- 가이드는 유닛에 연결되어 있지 않고 고정되어서는 안 된다.
- 필요에 따라 꼭대기는 강아지와 핸들러를 보호하기 위해 뚜껑을 씌워야 한다.

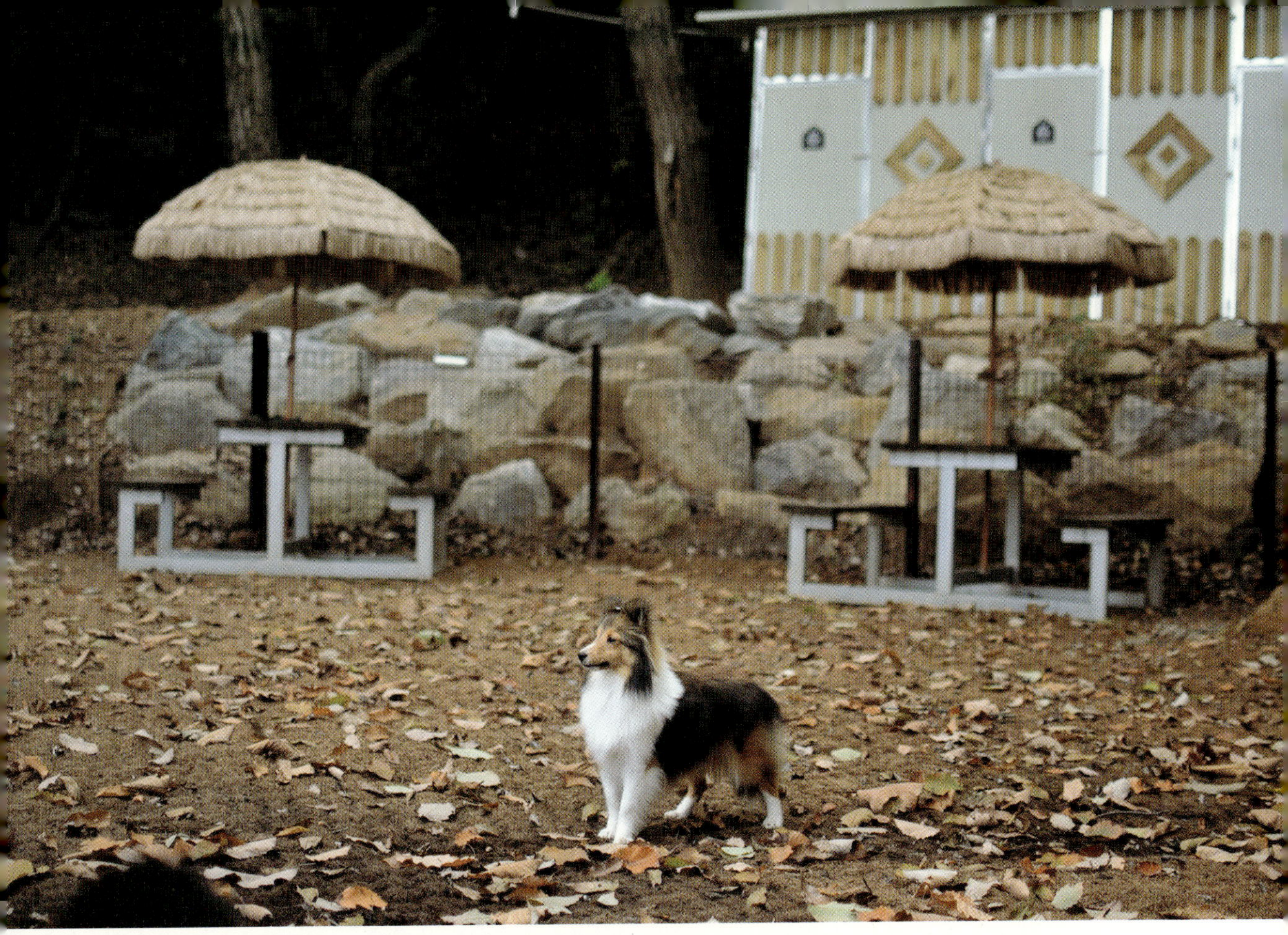

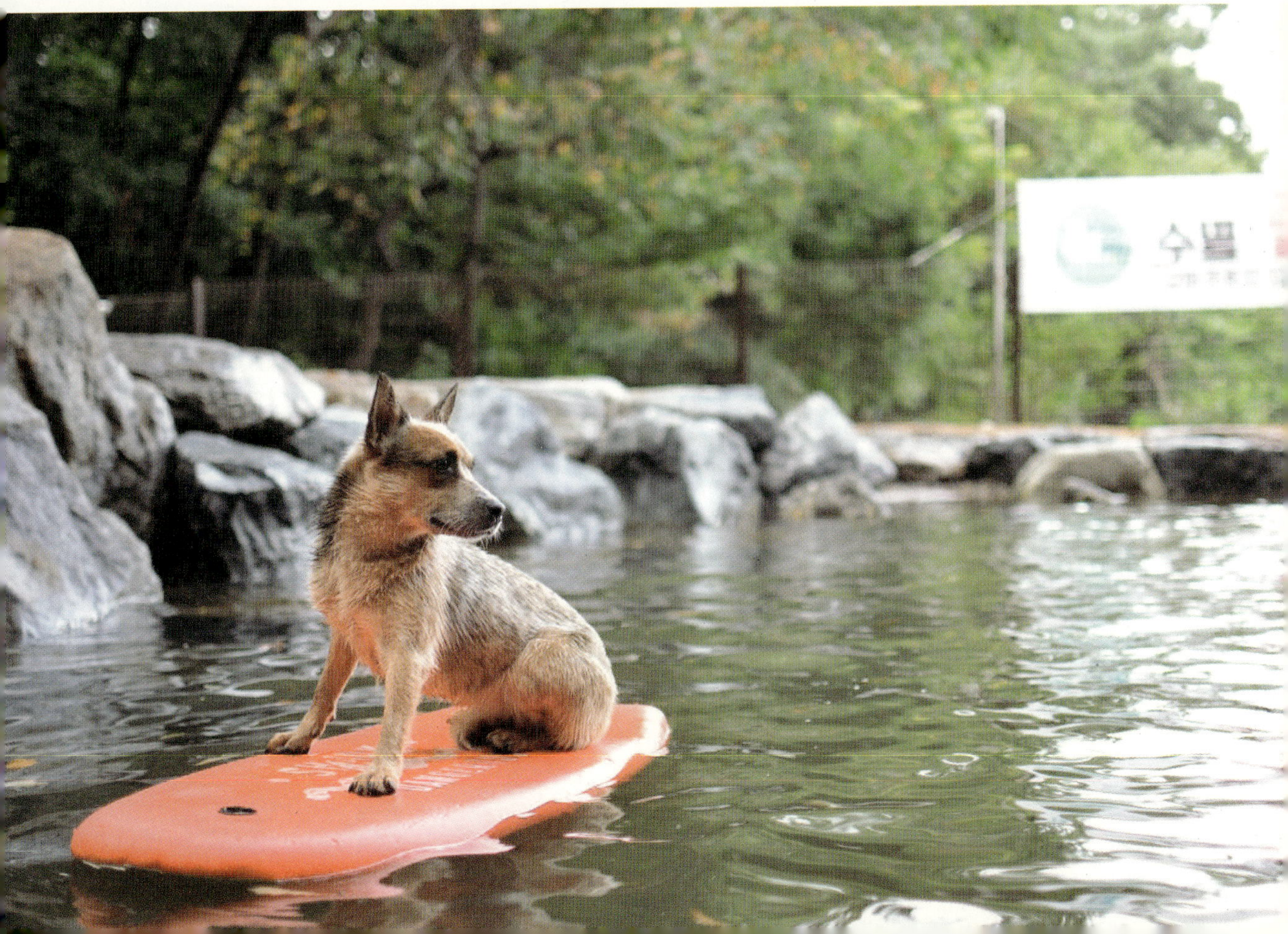

14

심사 규정

01 일반 사항
02 장애물별 심사규정
03 Course결함(실책, 거부, 실격)
04 선회 지수
05 SCT, MCT 산출
06 성적 산출

14
심사 규정

 1 일반 사항

어떤 참가자도 최종적인 심사 위원의 결정을 저촉하지 않아야 한다.

코스를 올바르게 통과하지 못한 경우, SCT 내에서 코스를 완료하지 못한 경우, 스포츠맨십에 저촉될 경우 심사 위원은 그에 맞게 실책과 거부, 실격으로 평가할 수 있다.

심사 위원은 실책 시 손바닥을 머리 위로 높게 들어 올린다.

거부 시 주먹을 쥐어 머리 위로 높게 들어 올린다.

실격 시 양손을 교차하여 X자 표시를 만들어 기록 심사 위원에게 보여야 한다.

심사 위원은 주심과, 기록 심사, 초심으로 나뉜다.

또한 강아지의 체급의 부정 출진 신청 예방으로 체고를 측정할 수 있으며, 출발 시 호각으로 심사 준비 완료 통보한다.

사전에 심사 위원에게 통보한 사항(털 길이가 길어 눈을 찌르는 경우 머리핀 사용 등)외 어떠한 경우에도 강아지에게 목줄, 옷, 액세서리 등을 착용하여선 안 되며 핸들러 또한 먹이, 장난감 등 강아지에게 유혹될 만한 물품을 몸에 지녀서는 안 된다.

(1) Course check

출진자는 대회장 안에서 당일 강아지를 데리고 어떠한 연습도 불가능하다.

다만 참가자는 시합 전에 강아지를 동반하지 않고 주어진 시간 내에 코스를 체크할 수 있다. 코스 체크 시간은 대회장의 환경, 코스의 수준, 출진 인원 수 등의 판단 하에 주어진다.

(2) Course Handling

강아지가 출발선을 통과할 때 시간은 시작된다.

핸들러는 핸들링 중 다양한 명령과 신호가 허용된다. 핸들러는 장애물에 터치하거나, 장애물의 위를 뛰어넘거나, 강아지를 만져서는 안 된다.

  몇 번의 부름에도 강아지가 통제되지 않을 시에, 또는 핸들러가 의식적으로 멈춰 서서 진행을 하지 못할 시에, 강아지에게 육체적, 정신적 고통을 주는 핸들러는 실격 처리될 수 있다.

  핸들러는 거부 사항이 발생 시 즉각 재실행해야 하며, 실책 사항 발생 시 재실행하지 않는다(위브 폴은 제외).

(3) 불가항력

  핸들러가 제어할 수 없는 돌발 사항(바람에 허들 바 낙하, 자루 터널 1의 꼬임, 강아지의 대회장 난입)이 생길시 심사 위원의 판단 하에 핸들러를 멈춰 세울 수 있다. 심사 위원은 즉각 돌발 상황을 수정하고 처음부터 다시 시작한다. 이때 핸들러가 멈추기까지의 결함은 그대로 적용되며, 멈춘 위치까지의 재실행 시 추가 결함은 없다. 추가 결함은 핸들러가 멈춰 섰던 지점 이후부터 발생한다.

2 장애물별 심사규정

(1) Hurdle

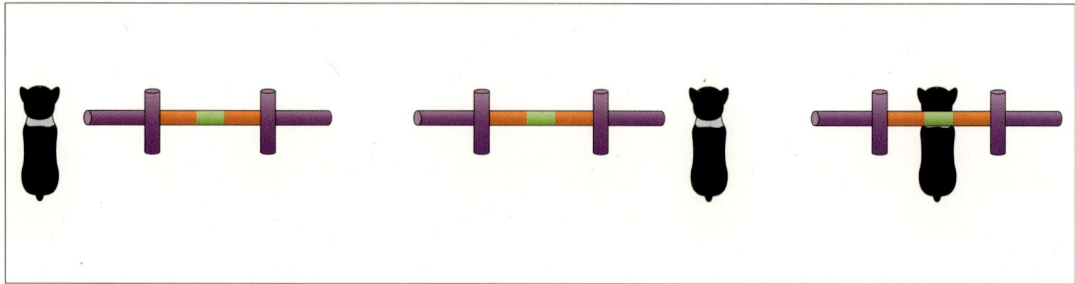

- 허들을 떨어트리면 실책
- 허들 아래/양옆으로 거부 라인을 지나가면 거부
- 강아지가 허들 아래로 지나가다 허들 바를 떨어트리면 실격
- 강아지가 재실행되는 허들을 통과하기 전 허들 윙의 훼손 시 실격
- 핸들러가 장비에 신체 일부를 고의적으로 접촉 시 실격

(2) Dog walk

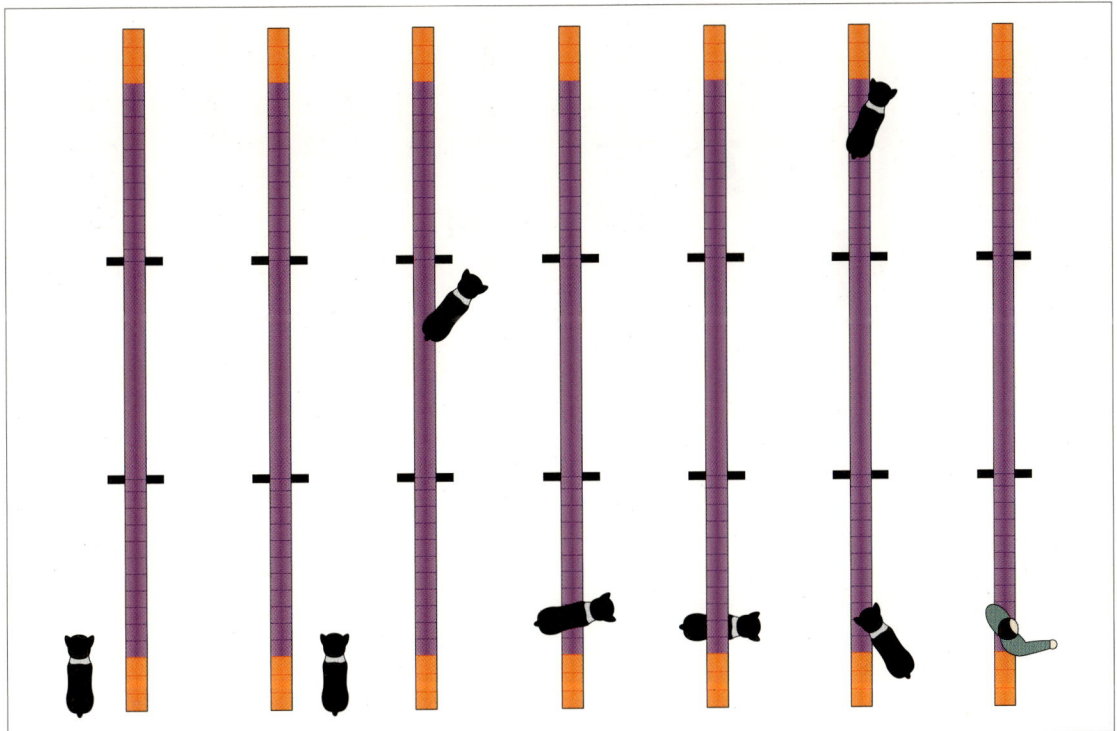

- 도그 워크의 거부 라인을 지나치면 거부
- 내리막 슬로프 이전에 평행 슬로프에서 뛰어내리면 거부
- 강아지가 도그 워크의 위/아래로 이동 시 거부
- 내리막 오르막 슬로프의 Touch line을 밟지 않으면 실책
- 핸들러가 장비에 신체 일부를 고의적으로 접촉 시 실격

(3) Seesaw

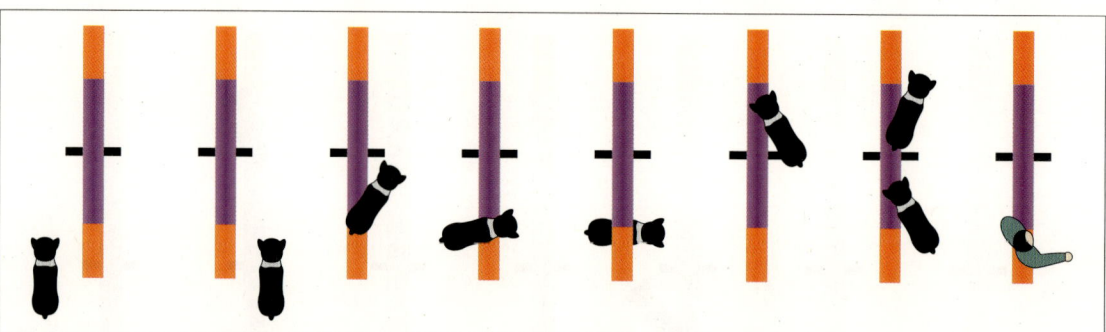

- 시소의 거부 라인을 지나치면 거부
- 시소의 중심점 이전에 뛰어내릴 시 거부
- 강아지가 시소의 위/아래로 이동 시 기부
- 시소에서 진행 방향 상 상행 슬로프에 오르지 않고 하행 슬로프에 뛰어 올라 탔을 경우 거부
- 시소의 양끝 Touch line을 밟지 않으면 실책
- 시소가 정확하게 땅에 떨어지지 않은 상태에서 강아지의 이탈 시 실책(Flying jump)
- 장비에 핸들러가 신체 일부를 고의적으로 접촉 시 실격

(4) A-frame

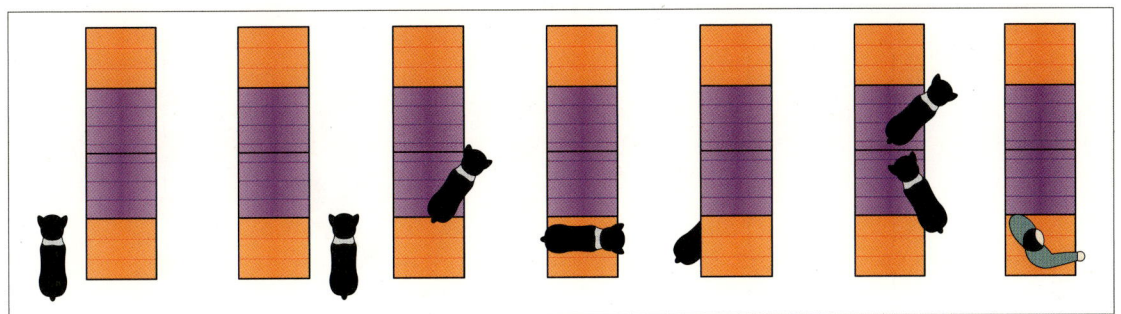

- A프레임의 거부 라인을 지나치면 거부

- A프레임의 최고점 이전에서 뛰어내릴 시 거부

- 강아지가 A프레임의 위/아래로 이동 시 거부

- A프레임의 양끝 Touch line을 밟지 않으면 실책

- 장비에 핸들러의 신체 일부가 접촉 시 실격

(5) Weave pole

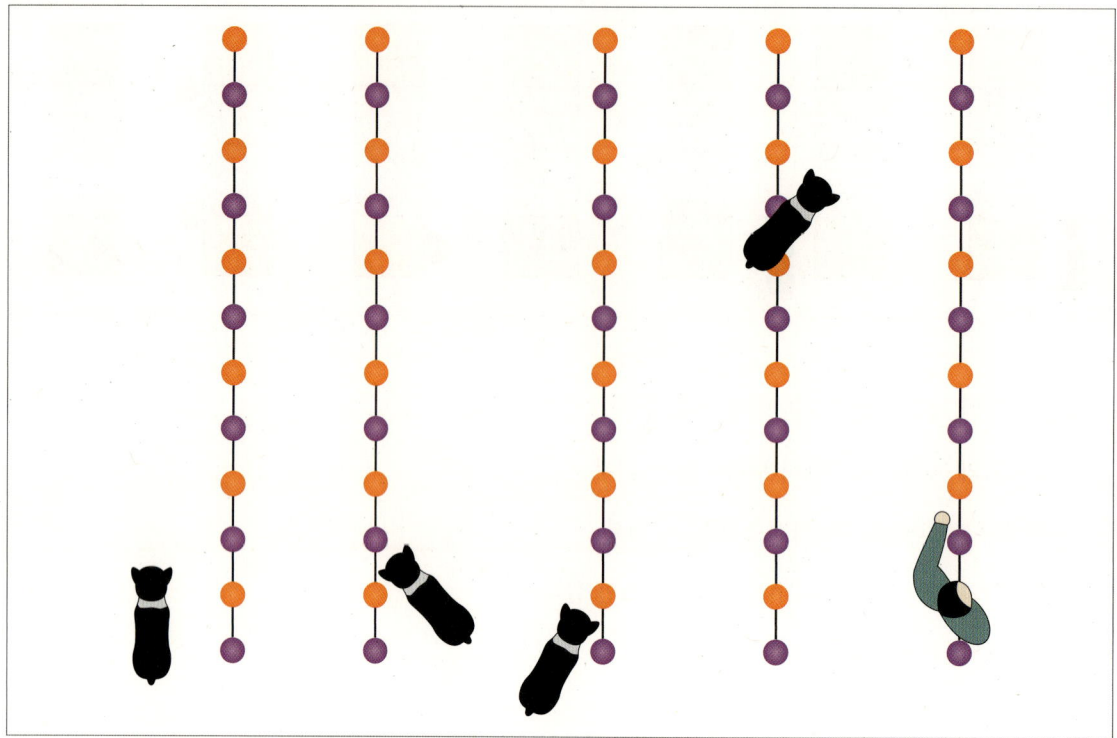

- 위브 폴의 거부 라인을 지나치면 거부
- 위브 폴의 진입 시 오른쪽 어깨부터 진입한 경우 거부
- 중간에 나왔을 경우 실책(예외적으로 위브 폴은 실책이 1회에 한함)
- 거꾸로 2개 이상의 폴을 지나면 실격
- 핸들러가 장비에 신체 일부를 고의적으로 접촉 시 실격

(6) Tunnel

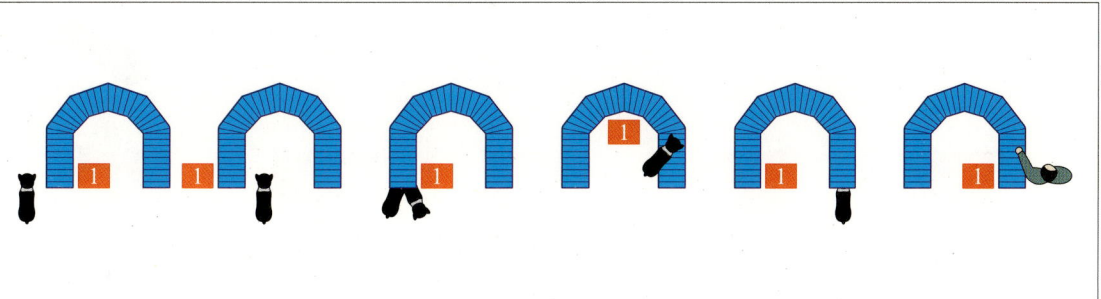

- 터널의 거부 라인을 지나치면 거부
- 입구에 들어갔다 입구로 나올 경우 거부
- 강아지가 터널 위로 점프할 때 거부
- 입구가 아닌 출구로 들어가는 경우 실격
- 핸들러가 장비에 신체 일부를 고의적으로 접촉 시 실격

(7) 자루Tunnel

- 자루 터널의 거부 라인을 지나치면 거부
- 입구를 뛰어 넘었을 경우 거부
- 입구에 들어갔다 입구로 나올 경우 거부
- 핸들러가 장비에 신체 일부를 고의적으로 접촉 시 실격

(8) Tire

- 타이어의 거부 라인을 지나치면 거부

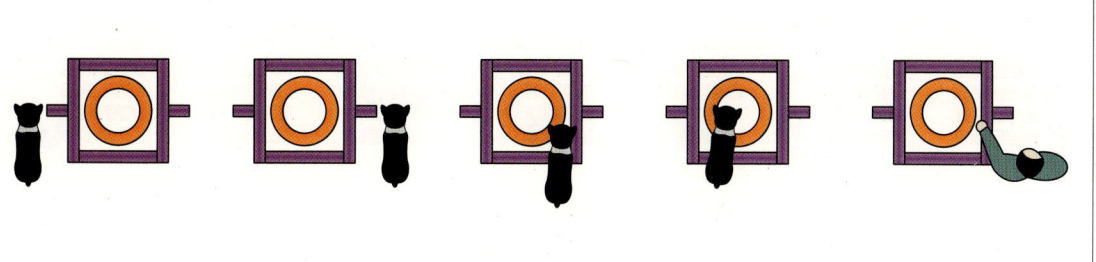

- 타이어 내부 이외의 프레임 사이로 통과하는 경우 거부
- 타이어를 통과 중 원형에 부딪혀 원형/프레임이 낙하된 경우 실책
- 타이어를 통과하지 못하고 부딪혀 원형/프레임이 낙하된 경우 실격
- 분리형 타이어의 경우 튜브를 통과 중 원형에 부딪혀 튜브가 분리될 시 실책
- 분리형 타이어의 경우 거부하며 튜브를 터치, 분리되면 실격
- 핸들러가 장비에 신체 일부를 고의적으로 접촉 시 실격

(9) Long jump

- 롱 점프는 진입 방향과 출구 방향의 가이드 폴대 사이로 넘어야 한다.

- 롱 점프의 거부 라인을 지나치면 거부

- 롱 점프 통과 중 되돌아 나오면 거부

- 롱 점프 진입을 걸어서 통과하면 거부

- 강아지가 진입 방향으로 뛰어넘어 측면으로 착지 시 거부

- 강아지가 측면으로 뛰어넘어 측면으로 착지 시 거부

- 강아지가 측면으로 뛰어 진행 방향으로 착지하면 실격

- 출구 방향에서 넘으면 실격

- 유닛을 넘어트린 경우 실책

- 점프 이후 착지 시 롱 점프 유닛 사이에 착지하면 실책

- 유닛에 경미한 접촉은 실책이 되지 않는다.

- 가이드의 일부를 터치하거나 넘어트려도 결함은 없다.

3 Course결함(실책, 거부, 실격)

(1) 실책 : 심사 위원이 손바닥을 펴 머리 위로 올린다(+5점).

- 핸들러가 진로상의 강아지와 고의적이지 않은 접촉했을 때
- 출진 강아지가 장애물을 수행 중 유닛을 떨어트리는 경우
- 접촉 부분이 정해져 있는 장애물의 Touch line에 접촉하지 못한 경우
- 시소에서 판자가 지면에 닿기 전에 뛰어내렸을 때(Flying jump)
- 롱점프에서 유닛을 쓰러트리거나, 점프하여 유닛 사이에 출진 강아지의 다리가 착지하는 경우
- 위브 폴에서, 폴을 정확하게 통과하지 않았을 때
- 타이어 통과 후 프레임을 넘어트리거나, 원형이 파손되었을 경우

(2) 거부 : 심사 위원이 주먹을 머리 위로 올린다(+5점).

- 각 장애물을 통과하기 직전에 출진 강아지가 멈춰 섰을 때
- 장애물 옆을 몸이 지나쳐갔을 때(거부 라인)
- 타이어 원형이 아닌, 프레임 사이를 통과했을 때
- 롱 점프(폭비) 진입 방향과 다르게(측면) 가이드 폴대 사이를 가로질러 넘을 때
- 롱 점프 진입을 걸어서 통과할 때
- 고정 터널, 자루 터널에서 터널 입구로 들어갔다 입구로 나올 때
- 위브 폴에서, 진입 후 되돌아 나올 때나, 오른쪽 어깨로 진입하였을 경우
- 도그 워크 시 내리막 슬로프 전 평행 슬로프에서 뛰어내릴 경우
- 시소의 중심점 이전에서 뛰어내릴 시 거부
- 시소에서 상행 슬로프에 오르지 않고 하행 슬로프에 뛰어올라 탔을 경우
- A프레임의 최고점 이전에서 뛰어내릴 시 거부
- 허들 중 허들 바 아랫 방향으로 지나갔을 경우

(3) 실격 : 심사 위원이 양팔을 교차하여 머리 위로 든다.

- 3번 거부 행위를 했을 때
- 강아지가 허들 바 아랫 방향으로 진입하다 허들 바를 떨어뜨린 경우
- 정해진 순서에 맞지 않게 장애물을 통과할 때
- 핸들러가 장애물을 통과하거나, 장애물의 위나 아래를 통과했을 때
- 핸들러가 장애물을 접촉했을 때
- 핸들러가 심사관의 지시 없이 경기를 중단했을 때
- 경기 중 링 안에서 배설을 했을 경우
- 출진 강아지가 장애물을 정방향(진행)이 아닌 역방향으로 통과했을 때
- 핸들러가 출진 강아지를 고의로 접촉했을 때
- 위브 폴 통과 시 역방향으로 폴을 2개 이상 실행했을 때
- 장애물 거부 이후 재실시 아니하고 다음 장애물을 실행했을 때
- 위브 폴을 정확하게 통과하지 않고 다음 장애물을 실행했을 때
- 핸들러가 심사 및 대회에 대해 스포츠맨십에 어긋나는 행동을 할 때
- 핸들러가 출진 강아지에게 폭력을 행사하거나, 난폭하게 다뤘을 때
- 출진 강아지가 목걸이, 의복, 옷 등의 액세서리를 착용하고, 핸들러가 보상물을 지니고 있을 때
- 출진 강아지 또는 핸들러가, 장애물을 정확하게 실행할 수 없는 상황이라고, 심사 위원이 판단했을 때
- 출진 강아지가 공격적이라고 심사 위원이 판단될 경우
- 경기 도중 출진 강아지외 다른 강아지가 경기장 난입 시 난입된 강아지는 즉시 실격 처리된다.
- 출진 강아지가 출발선을 넘은 후에 심사 위원의 지시 없이 강아지를 출발 지점으로 복귀시킬 때
- 심사 위원의 출발 신호 전에 출발했을 경우

4 선회 지수

선회 지수란 장애물을 통과하는 강아지의 총 예상 이동 거리의 평균 시간을 구하기 위한 약속된 지표이다.

5 SCT, MCT 산출

(1) 표준 시간(SCT)의 제정

표준 시간은 강아지의 크기에 따라 공정한 평가를 받기 위해 평균적인 시간 값을 구하는 식이다. 강아지는 표준 시간 안에 코스를 완주하여야 하며 표준 시간 이상으로 통과 시 추가되는 시간만큼 패널티를 받는다.

> 강아지가 달려야 할 거리에 따라 표준 시간이 결정된다. 채택되는 선회 지수는 코스의 난이도, 강아지가 달려야 할 지면 상태에 따라 달라진다.
> SCT는 채택된 속도(m/s)로 코스의 길이를 나누는 방식으로 결정된다.
> 예: Course가 200m, 채택된 속도 3.1m/s일 경우, 200÷3.1= 64.5 올림하여 65초, 표준 시간은 65가 된다.

(2) 제한 시간(MCT)의 제정

정확성과 더불어 빠르게 통과하는 것을 목표로 하며 레벨에 적합한 합격 여부를 판단할 수 있는 기준이 된다.

> 일반적인 경우, 심사 위원은 MCT를 SCT의 두 배로 지정한다.
> 65초의 SCT라면 MCT는 130초가 된다.
> MCT는 SCT의 최소 1.5배 미만이어서는 안 된다.
> 필드 상황과 코스 난이도에 따라 심사 위원은 1.5배에서 2배로 지정할 수 있다.

6 성적 산출

(1) 목표는 표준 시간(SCT) 안에 강아지가 코스를 바르게 통과하도록 하는 것이다.

강아지가 같은 시간에 경기를 마쳤을 경우에, 실책이 적은 강아지가 우선순위가 된다.

시간은 총 실책의 수가 같을 때만 고려한다.

(2) 다음은 순위를 결정할 때 고려된다.

① 총 실점(코스 실점 + 시간 실점) 적은 강아지

② 총 결함이 같으면, 가장 빠른 강아지가 우선순위이다.

* 코스 실점(+5)-장애물 실점, 시간 실점(+SCT 초과 시간), MCT 초과 시 실격

③ 예) SCT=60초

출진 번호	Course 실점	들어온 시간	시간 실점	총 실점	순위
1	5	58.71	0.00	5.00	3
2	0	65.00	5.00	5.00	4
3	5	57.25	0.00	5.00	2
4	0	68.32	8.32	8.32	5
5	10	59.17	0.00	10.00	6
6	5	65.00	5.00	10.00	7
7	0	59.20	0.00	0.00	1

독자에게 전하는 글

이혜영 현) 발트바우 Agility 클럽 부 클럽장

우리나라에선 개와 고양이를 애완동물이라 지칭하며 단순히 먹이와 잠자리만 제공했던 시기가 있었습니다. 하지만 현재는 '반려견'이라는 명칭 아래 가족의 구성원으로 받아들이며 반려동물은 인간의 삶에 깊게 자리를 잡았습니다. 이와 함께 큰 기쁨과 위로를 인간에게 베풂에 비해 반려견들의 삶의 시간은 그리 길지 않습니다. 반려인은 한 반려견의 현생을 귀하고 가치 있게, 체계적으로 보낼 수 있도록 최선을 다해야 할 의무가 있다고 생각합니다. 이제 반려견 교육은 선택이 아닌 의무이며, 더 나아가 반려견과의 교감 및 유대감, 정서적 안정에 기울여야 할 때입니다.

이 책은 '어질리티'라는 도그 스포츠에 한정되어 있지만 많은 독자가 이 책을 접해 즐김으로 써 아이들의 짧은 시간을 시기별(퍼피/주니어/어덜트/시니어) 세분화하여 향상된 삶을 즐길 수 있길 바랍니다.

김민찬 현) 발트바우 Agility 클럽 팀장

제가 어질리티라는 도그 스포츠를 접해 시작한 지도 몇 년이 지났습니다. 저와 처음 호흡을 맞추던 강아지가 이제는 노령견이 되었습니다. 이 책을 저희 클럽장님과 다른 팀장님들과 만들면서 그때 기억이 많이 났습니다. 어질리티를 처음 접해 시작할 때에는 어떻게 강아지에게 알려줘야 할지 모르는 핸들링 및 장애물이 많았습니다. 그러다 보니 제가 하고 싶은 대로 훈련을 진행했고 사실 아쉬운 결과들이 많았습니다. 지금 와서 생각해 보면 조금만 더 공부하고 찾아보며 훈련을 했다면 어땠을까 하는 생각이 많이 듭니다. 저처럼 어질리티를 처음 접해 강아지와 같이하고 있지만 어떻게 해야 할지 몰라 막막한 분들이 책을 통해 조금이라도 도움이 됐으면 좋겠습니다.

강주형 현) 발트바우 Agility 클럽 팀장

어질리티는 강아지와 핸들러의 유대감은 물론이고, 반려견의 건강, 정신 건강, 자신감, 운동 부족으로 인한 스트레스 해소로 더 나은 반려견의 생활이 가능합니다. 하지만 방법을 모른다면 쉽게 시작하지 못할 거라고 생각됩니다. 많은 독자가 어렵지 않게 어질리티를 접하고 배웠으면 하는 마음으로 이 책을 쓰게 되었습니다. 저는 해외 자료를 번역해가며 어질리티를 힘들게 공부해왔고, 자료를 보고 번역을 하더라고 이해가 되지 않는 말들이 많았기 때문에 직접 몸으로 부딪치며 뒤늦게 이해하곤 했습니다. 제가 처음 어질리티를 접했을 때 이러한 책이 있었다면 해외 자료를 잘못 이해하여 강아지에게 옳지 않은 방식으로 가르치는 일 또한 없었을뿐더러 조금 더 쉽게 다가가지 않았을까 생각합니다. 독자분들께서는 이 책을 보고 저와 같은 어려움을 겪지 않고 즐겁게 어질리티 생활을 하시길 바라봅니다.

차지호 현) 발트바우 Agility 클럽 팀장

반려 인구가 늘어남에 따라 어질리티에 대한 반려인들의 관심 또한 점점 높아지고 있는 것 같습니다. 이러한 가운데 제가 반려견 지도사라는 직업을 가지고 어질리티를 배우는 반려견과 반려인들을 교육하는 것에 대해 그만큼 신중하고 또 신중해야 할 때라고 생각합니다. 아직 부족하고 나아가야 할 길이 한참이나 남은 저도 이 책을 작성하며 어질리티에 대해 더욱 깊이 있게 생각해 볼 수 있는 시간이었습니다. 조금 더 체계적으로 퍼피 트레이닝부터 누구나 쉽게 접하고 이해할 수 있도록 포커스를 맞춰 제작에 힘썼습니다. 미흡하지만 어질리티에 관심 있어 하시는 반려인들께 좋은 교과서가 되었으면 합니다.

이슬기 🐾 **현) 발트바우 Agility 클럽 팀장**

　점점 반려견들과 함께 무언가를 즐기고자 하는 사람들이 많아지고 그에 따라 어질리티의 인지도도 높아지고 있습니다. 하지만 아직 어질리티에 대한 보호자들의 접근이 어렵고, 반려견 지도사들도 관련 책자나 자료들을 찾아서 공부하기가 쉽지 않음을 느꼈습니다.

　'체계적인 교육 과정이 있다면 더욱더 쉽게 배울 수 있을 텐데'하는 생각을 많이 했습니다. 강아지 상태에 따라 훈련 방법이 달라지기는 하지만 큰 뼈대를 확실히 알고 가는 것은 많이 다르기 때문입니다.

　이 책이 나오면서 어질리티를 접하는 많은 분이 좀 더 쉽게 접근하고 나의 반려견과 즐겁게 도그 스포츠를 즐길 수 있다면, 그래서 관심이 커져서 어질리티 문화가 많이 발전했으면 좋겠습니다.

김예지 🐾 **현) 발트바우 Agility 클럽 팀장**

　어질리티는 반려견과 함께 즐기기 아주 좋은 스포츠입니다. 반려견과 함께 호흡을 맞춰가며 장애물을 하나하나 극복해 가는 것은 일상생활에서 얻지 못하는 또 다른 희열을 느끼실 수 있습니다. 하지만 많은 보호자들이 어떻게 시작하여야 할지 모를 막막함으로 쉽사리 시작하기를 두려워합니다. 그래서 우리는 처음 어질리티를 접하는 반려인들이 쉽게 따라 할 수 있게 만들자는 것에 중점을 두고 이 책을 제작하게 되었습니다. 책을 통해 예습과 복습, 이미지 트레이닝도 해볼 수 있으며, 기초부터 차근히 정확하게 트레이닝하여 반려견과 건강하고 슬기로운 어질리티 생활을 하셨으면 좋겠습니다.

🐾 도그피트니스 자문 하나인 핏독 클럽 대표

김주원 CCFT KPA-CTP

- 한국애견협회 도그 피트니스 분과 위원장
- Cato Outdoors Korea 총판 대표
- Flexiness Korea 총판 대표

슬기로운 어질리티 생활 발간에 피트니스 파트를 참여하면서 무엇보다 반려 가족의 의식이 많이 선진화 되었다는 것을 느끼게 되었습니다. 단순히 어질리티를 즐기는 것에 그치지 않고, 부상 없이 건강하게 즐기는 것을 목적으로 한다는 것에 대해 많은 교감이 되었습니다.

모든 운동 전에 준비 동작을 하는 것은 사람뿐만 아니라 반려견에게도 해당이 되며 격한 운동에 앞서 진행되는 동적 스트레칭 및 준비 운동으로 부상을 방지할 수 있고 역량을 높이는 기본적인 요소가 될 것입니다. 워밍업을 포함하여 여러 가지 파트별로 진행되는 도그 피트니스는 반려견에게 균형 있고 튼튼한 몸을 만들어줘 부상을 방지하고 최고의 컨디션으로 뛸 수 있도록 도움을 줍니다. 일상생활에서도 쉽게 할 수 있는 도그 피트니스로 반려견의 건강과 취미생활을 놓치지 않으시길 바랍니다.

😺 여문주

- 어질리티몰 대표이사
- 어질리티 아우라클럽장
- 어질리티 팀아가시클럽장
- 전)애견협회 어질리티 심사위원
- www.agilitymall.com

슬기로운 어질리티 생활 발간을 진심으로 축하드립니다. 더불어 어질리티에 대한 기초적인 놀이에서 전문성까지 세밀하게 기록된 서적이 출판됨에 어질리티를 즐기며 함께한 동인으로서 매우 기쁘게 생각합니다.

도그 스포츠인 어질리티(Dog Agility)는 해외에서는 많이 알려졌지만 국내에서는 일부 전문가, 동우회 및 클럽 위주이다 보니 낯선 개념이었습니다. 국내에 기본적인 서적으로 승마에 대한 내용이 조금 접목되어 있을 뿐 도그 어질리티(Dog Agility) 관련 내용으로 된 서적이 부재하였으며, 외국의 어질리티 책자 및 유튜브에서 기술되어 보이는 어질리티 훈련에 관한 핵심적인 내용과 단순 적용 방법을 다루는 방법으로 국한됨으로써 현실에 맞지 않는 내용과 방법으로 배움의 방향성이 틀어지기도 하였던 시절이 현실이었습니다.

당시 국내에 사용되는 어질리티 장애물로는 국제 규격에 맞지 않은 상태로 제작이 되어 어질리티 대회를 접하다 보니 반려견들의 부상과 사고에 열악한 상황이었습니다. 어질리티몰은 10여 년 전부터 최상의 제품을 만들기 위해 수많은 시행착오와 수정 과정을 거치면서 국제 규격에 부합하는 안전하고, 완성도 있는 어질리티 장애물을 핸드메이드로 제작하여 공공기관 및 학교, 애견 카페, 어질리티 교육센터에서 납품하고 있습니다.

　슬기로운 어질리티 생활의 책자는 처음 배우는 이들에게 지침서의 역할을 충실히 할 수 있게 과학적이며 효과적이고 긍정적인 교육 방법으로 기술되어 있습니다. 국내 어질리티에 관심이 있으신 분이나 전문적인 어질리티 활동을 계획 중이신 분들에게 많이 활용되어 반려견 문화의 발전과 어질리티 발전에 기여하기를 진심으로 바랍니다.

슬기로운 어질리티 생활

2022년 3월 11일 초판 1쇄 발행 | 2023년 4월 7일 초판 2쇄 발행

공저 구태호, 이혜영, 김민찬, 강주형, 차지호, 이슬기, 김예지 | **발행인** 장진혁 | **발행처** (주)형설이엠제이
주소 서울시 마포구 월드컵북로 402 KGIT 상암센터 1212호 | **전화** (070) 4896-6052~3
등록 제2014-000262호 | **홈페이지** www.emj.co.kr | **e-mail** emj@emj.co.kr
공급 형설출판사

정가 19,000원

ⓒ 2023 구태호, 이혜영, 김민찬, 강주형, 차지호, 이슬기, 김예지 All Rights Reserved.

ISBN 979-11-91950-09-0 93690

* 본 도서는 저자와의 협의에 따라 인지는 붙이지 않습니다.
* 본 도서는 저작권법에 의해 보호를 받는 저작물이므로 동영상 제작 및 무단전재와 복제를 금합니다.
* 본 도서의 출판권은 ㈜형설이엠제이에 있으며, 사전 승인 없이 문서의 전체 또는 일부만을 발췌/인용하여 사용하거나 배포할 수 없습니다.

슬기로운 어질리티 생활

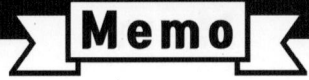
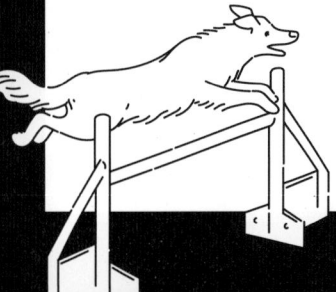

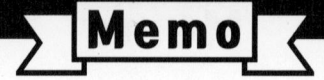